Enrico Esposito

Gli appalti di servizi finanziati dal FES

Lavio Editore

ISBN 978-1-291-64107-3

@2004 - Lavio Editore, Italia

Unione Europea - Collana Normative e Procedure

INDICE

INTRODUZIONE

CAPITOLO PRIMO

LA COOPERAZIONE TECNICA E FINANZIARIA NEL «SISTEMA DELLE NAZIONI UNITE» 11

   1. L'assistenza pubblica allo sviluppo: cenni sull'evoluzione storica. 11
   2. Il rapporto con il diritto internazionale. 15
   3. Il ruolo normativo nel «sistema delle Nazioni Unite». 20
   4. Il ruolo operativo. 23
   5. Cenni sulle norme generali relative alle gare d'appalto di servizi finanziati dal Gruppo della Banca Mondiale. 36

CAPITOLO SECONDO

LA COOPERAZIONE FINANZIARIA E TECNICA DELLA COMUNITÀ EUROPEA CON I PAESI A.C.P. 39

   1. Origini e basi giuridiche della cooperazione allo sviluppo europea. ... 39
   2. Le prime forme della cooperazione finanziaria e tecnica. 43
   3. Le quattro Convenzioni di Lomé. 47
   4. La cooperazione finanziaria «stricto sensu»: la disciplina inerente ai progetti di sviluppo in base al dettato di Lomé. 53
   5. Le modifiche apportate dall'Accordo di Cotonou. 56
   6. Gli agenti incaricati della gestione della cooperazione per il finanziamento allo sviluppo e il «ciclo del progetto» 59
   7. La cooperazione tecnica. 65

CAPITOLO TERZO

LE NORME RELATIVE ALLE GARE D'APPALTO DI SERVIZI FINANZIATI DAL F.E.S. 69

   1. Introduzione. 69
   2. Le norme generali relative a tutte le gare d'appalto. 71
   3. Le norme specifiche applicabili alle gare d'appalto di servizi. 82

FONTI BIBLIOGRAFICHE   97

INTRODUZIONE

Questo studio è frutto di un tirocinio effettuato nel 2003 presso la struttura amministrativa di una società di consulenza, con sede a Bruxelles, operante principalmente nell'ambito di progetti di sviluppo dell'Unione Europea finanziati dalle risorse messe a disposizione dal *FES* (Fondo Europeo di Sviluppo). Il settore di specializzazione riguardava la fornitura di servizi di consulenza per l'ingegneria civile, idraulica e stradale e per lo sviluppo urbano, regionale e rurale in alcuni Stati africani, francofoni ed anglofoni, dell'area *ACP* (Africa sub-sahariana, Caraibi e Pacifico). I servizi di consulenza, rientranti nell'attuazione della «cooperazione tecnica e finanziaria» comunitaria, si possono specificare in ricerche, studi di fattibilità, design, progettazioni, direzione dei lavori ed assistenza tecnica ad enti o agenzie pubbliche o a partecipazione pubblica. Nella maggioranza dei casi gli interventi sono attuati o in collaborazione con omologhe società dei Paesi beneficiari dell'aiuto o impiegando esperti cittadini degli stessi.

Lo scopo del lavoro di ricerca, approfondito nel Capitolo III, è l'analisi delle disposizioni relative alla partecipazione e all'aggiudicazione, nell'ambito della cooperazione tecnica e finanziaria comunitaria, delle «*gare internazionali d'appalto di servizi*» finanziati attraverso il FES. Lo studio di questo settore (*trait d'union* tra la fase di preparazione di un progetto e la sua realizzazione), rappresenta l'obiettivo della ricerca in quanto il tirocinio effettuato prevedeva l'inserimento proprio nell'organico dell'«ufficio gare» della società di consulenza belga, preposto alle seguenti attività: *scouting* (ricerca e/o richiesta dei bandi di gara secondo criteri settoriali, geografici e finanziari); studio delle procedure di partecipazione e selezione alle gare; redazione delle *espressioni di interesse* (per mezzo delle quali la società partecipa alle pre-selezioni per le gare d'appalto di servizi con procedura «ristretta»); studio dei fascicoli di gara (che forniscono le linee guida da seguire nella preparazione dell'offerta); infine, preparazione dei documenti necessari per la gara (ossia *offerte tecniche* e *finanziarie*). L'analisi in questione, in base alle norme statuite dall'Accordo di Cotonou e da una *Regolamentazione* specifica adottata dal Consiglio dei Ministri ACP-CE, verterà sui seguenti elementi: in primo luogo saranno esposte le norme generali alla base di tutte le gare d'appalto (servizi, lavori e forniture); in secondo luogo sarà dato spazio alle norme specifiche applicabili alle gare d'appalto di servizi.

Preliminarmente allo studio delle suddette norme proporremo un'analisi, fondata su aspetti più generali, strutturata nel modo qui di seguito riportato.

Nel Capitolo I, su di un piano internazionale, dopo un sintetico excursus storico circa l'evoluzione dell'«assistenza pubblica allo sviluppo» (APS)[I] ed un cenno al rapporto con il diritto internazionale, si introdurranno, come elementi iniziali dell'analisi, le funzioni normativa e, soprattutto, operativa, del «sistema delle Nazioni Unite»[II]. Ai fini della nostra ricerca, all'interno di tale ruolo operativo, verranno approfondite (per il ruolo primario che rivestono e sulla base di origini, struttura, attività e iter degli interventi di sviluppo), da un lato l'organizzazione dell'assistenza tecnica fornita

---

[I] L'«APS» (le cui caratteristiche sono evidenziate in maniera approfondita da ISERNIA, in *La Cooperazione allo sviluppo*, 1995, pagg. 59-70) proviene dai governi dei Paesi industrializzati, dalle organizzazioni internazionali e dalle banche regionali di sviluppo e si differenzia dai «finanziamenti privati», i quali sono forniti da banche private, da imprese multinazionali o più in generale da imprese aventi rapporti commerciali con unità produttive localizzate nei Paesi in via di sviluppo. La nostra trattazione, in particolare, farà riferimento, all'interno del settore dell'APS, alla cooperazione finanziaria e tecnica di due agenzie del «sistema delle Nazioni Unite» (UNDP e Gruppo della Banca Mondiale) e della Comunità Europea (verso i Paesi ACP).
[II] Il «sistema delle Nazioni Unite» è l'insieme formato da organi delle Nazioni Unite, da organi sussidiari e da Istituti Specializzati.

dall'UNDP e dall'altro la struttura dell'aiuto finanziario del Gruppo della Banca Mondiale (in particolare di IBRD e IDA). Nel corso della trattazione, inoltre, sarà chiarito sia che la *cooperazione tecnica* si riferisce a quel tipo di contributo fornito a favore di governi, enti statali o a partecipazione pubblica dei Paesi in via di sviluppo mediante l'utilizzo di competenze specifiche in settori come l'ingegneria, la finanza e la gestione delle risorse sia che la *cooperazione finanziaria* concerne, nella sua accezione in senso stretto, i finanziamenti concessi per «progetti o programmi di sviluppo»[III]; si noterà, inoltre, la relativa autonomia della cooperazione tecnica per quanto riguarda l'UNDP e lo stretto rapporto che intercorre fra le due forme di cooperazione per quanto concerne, invece, il Gruppo della Banca Mondiale. Infine, l'importanza del gruppo della Banca Mondiale è tale, tra le istituzioni internazionali preposte al finanziamento di progetti di sviluppo di assistenza tecnica, che verranno enunciate anche alcune norme generali che regolano le gare d'appalto di servizi che essa finanzia ed alle quali una società di consulenza può partecipare.

Nel Capitolo II, scendendo sul «gradino» regionale, saranno analizzati dapprima i fattori storici, giuridici e finanziari della cooperazione della Comunità Europea e, dopodiché, si esaminerà, attraverso le disposizioni di accordi e atti comunitari, l'evoluzione delle caratteristiche della «cooperazione finanziaria e tecnica» con i Paesi ACP. Sulla base delle norme stabilite dall'Accordo di Cotonou, più in particolare, si metterà in evidenza, oltre all'evoluzione degli strumenti di attuazione e ai vari

---

[III] È bene sottolineare che nel corso della trattazione si farà spesso riferimento a *progetti* o *programmi* di sviluppo; nella convinzione che trattando temi generali i due termini possano essere indistintamente usati, risulta utile chiarirne subito le differenze: un «*progetto*» indica un insieme di attività tendenti a raggiungere un obiettivo specifico entro un termine dato; un «*programma*», invece, racchiude più progetti i cui singoli scopi abbiano un obiettivo globale comune (a livello settoriale, nazionale o internazionale).

organismi preposti alla gestione e all'esecuzione della cooperazione per il finanziamento allo sviluppo, anche l'iter che un progetto di sviluppo comunitario attraversa dal concepimento alle valutazioni post-esecuzione (il cosiddetto «ciclo del progetto», che una società di consulenza segue attentamente al fine di conoscere, nei modi e nei tempi adeguati, tutti quei progetti in corso di finanziamento o di approvazione la cui realizzazione comporta la prestazione di determinati servizi). A margine del Capitolo si metteranno in evidenza, infine, per introdurre in maniera adeguata il già citato Capitolo III, gli elementi distintivi della cooperazione tecnica comunitaria.

CAPITOLO PRIMO

LA COOPERAZIONE TECNICA E FINANZIARIA NEL «SISTEMA DELLE NAZIONI UNITE»

1. L'assistenza pubblica allo sviluppo: cenni sull'evoluzione storica. 2. Il rapporto con il diritto internazionale. 3. Il ruolo normativo nel «sistema delle Nazioni Unite». 4. Il ruolo operativo: a. La cooperazione tecnica fornita dall'UNDP b. La cooperazione per il finanziamento allo sviluppo del Gruppo della Banca Mondiale. 5. Cenni sulle norme generali relative alle gare d'appalto di servizi finanziati dal Gruppo della Banca Mondiale.

1. L'assistenza pubblica allo sviluppo: cenni sull'evoluzione storica.

Le azioni inter-governative per la promozione dello sviluppo economico e sociale delle aree più arretrate del pianeta sono un fenomeno recente (risalente alla fine della seconda guerra mondiale) ed emersero in larga parte a causa della consapevolezza dell'ampio divario economico, finanziario e tecnologico esistente tra gli Stati[4]. Secondo l'economista Lewis[5], i governi erano già consapevoli da alcuni decenni della disparità economica e sociale causata dalla divisione del mondo tra Paesi esportatori di manifatture e Paesi esportatori di materie prime; gli indirizzi in prevalenza liberisti delle politiche economiche condizionavano, però,

---

[4] ISERNIA, in *La Cooperazione allo sviluppo*, 1995, pag. 33, ammette, infatti, che dopo il 1945 si fa strada l'idea che l'«aiuto pubblico allo sviluppo» (APS) sia una responsabilità collettiva e che, inoltre, sia utile anche per contribuire alla crescita economica dei Paesi in via di sviluppo e, di rimando, al funzionamento dell'intero sistema economico internazionale.

[5] *The Evolution of the International Economic Order*, 1978, citato in GIULIANO, *Cooperazione allo sviluppo e diritto internazionale*, 1985, pag. 4.

eventuali azioni «governate» sul piano internazionale. Questa linea di tendenza non fu sempre predominante (come dimostrano le prime unioni amministrative del secolo scorso e soprattutto la Società delle Nazioni, il cui statuto prevedeva delle forme, seppur embrionali, di cooperazione economica internazionale)[6], ma rappresentò in ogni modo il quadro di riferimento.

Le nuove idee e pratiche economico-politiche nei Paesi industrializzati, conseguenze della crisi degli anni Trenta e del baratro della guerra, stravolsero tale concezione[7]. Il nuovo clima si avvertiva, inoltre, sia nei trattati istitutivi delle istituzioni finanziarie create a Bretton Woods che nella Carta delle Nazioni Unite[8].

L'approccio postbellico tentò di superare la logica degli interventi del passato che, quando avvenivano, trasferivano risorse tecniche e finanziarie in un'ottica di tipo coloniale e quindi con vantaggi pressoché esclusivi per i Paesi più avanzati. Negli anni Cinquanta, i primi interventi di «aiuto pubblico allo sviluppo» (APS) dei paesi occidentali, però, oltre ad essere

---

[6] A tal proposito v. MARCHISIO, *Sviluppo (cooperazione internazionale per lo) estratto dal XLIII volume della Enciclopedia del Diritto*, 1990, pag. 1553.

[7] L'«*internazionalismo istituzionale*» (che promuoveva la cooperazione fra gli Stati ed il rispetto del diritto internazionale) e il «*keynesismo*» (*welfare state*, affermazione dei diritti sociali e politici) per quanto riguarda le idee, il «*Piano Marshall*» per quanto riguarda le pratiche (per un approfondimento sul ruolo che ebbe l'*European Recovery Program* sulla struttura delle relazioni fra paesi occidentali e colonie e sulla nascita della cooperazione allo sviluppo come politica pubblica, v. ISERNIA, *op. cit.*, pagg. 34-35).

[8] Tra i fini dell'organizzazione si leggeva, in particolare, quello di «conseguire la cooperazione internazionale nella soluzione dei problemi internazionali di carattere economico, sociale, culturale ed umanitario» (*art. 1.3*); inoltre, il *cap. IX*, intitolato «Cooperazione economica e sociale», promuoveva, all'*art. 55*, un miglior tenore di vita delle popolazioni, la piena occupazione e «condizioni di progresso economico e sociale». Gli Stati, inoltre, venivano obbligati ad «agire, collettivamente o singolarmente, in cooperazione con l'organizzazione», per raggiungere tali scopi (*art. 56*), anche se si trattava di un obbligo generico di cooperazione che non era accompagnato, però, da nessuna norma specifica che ne vincolasse l'attuazione.

limitati nel volume e nel numero di donatori e beneficiari, furono fortemente condizionati dall'adozione di modelli mutuati dalla storia economica, come, ad esempio, lo schema di «crescita economica» di W.W. Rostow[9]. I finanziamenti, inoltre, risentivano del clima della Guerra Fredda e riflettevano soprattutto motivazioni politiche (sia da parte del blocco occidentale che del blocco socialista, il quale «entrò» nel settore dell'assistenza internazionale a metà degli anni Cinquanta, pur mantenendo sempre basse percentuali rispetto al volume totale degli APS). Il processo di decolonizzazione, a sua volta, contribuì a evidenziare la questione fondamentale del rapporto fra Nord e Sud del mondo e la necessità di impiegare più ingenti risorse per l'assistenza (finanziaria e tecnica) verso i nuovi Paesi, che versavano molto spesso in condizioni economiche, amministrative e infrastrutturali pessime.

La formazione di nuovi Stati e l'ingresso dei Paesi socialisti nel settore degli APS determinarono, negli anni Sessanta, ulteriori conseguenze: in primo luogo, una consistente pressione dei Paesi decolonizzati per accrescere le risorse loro destinate (in questo senso, soprattutto attraverso il «gruppo dei 77» nei negoziati economici in sede UNCTAD, essi misero in discussione l'intera struttura dei rapporti economici internazionali allo scopo di instaurare un «Nuovo Ordine Economico Internazionale»[10]); in secondo luogo, una maggiore disponibilità del blocco occidentale alle

---

[9] L'innesto di apparati produttivi avanzati (impianti industriali e meccanica agricola) avrebbe creato profitti, salari, risparmio ed esportazioni e, quindi, alimentato un processo produttivo più generale. Questo circolo virtuoso non si verificò, se non in qualche caso, causando in molti Paesi beneficiari una serie di stravolgimenti nei modelli di vita, nei consumi e nell'organizzazione dei mezzi di produzione.

[10] Con l'ingresso nelle Nazioni Unite, inoltre, molti Paesi africani ed asiatici pianificarono l'apertura di un fondo per la concessione di crediti (il *SUNFED*) gestito dall'Assemblea generale; i paesi occidentali, come riporta ISERNIA, *op. cit.*, pag. 42, risposero con la creazione dell'IDA e di alcune banche regionali di sviluppo; risale agli anni Sessanta, inoltre, anche la creazione dell'UNDP.

richieste di tali Paesi, che portarono ad un aumento del volume degli aiuti (sia a livello bilaterale che multilaterale) e ad una diversificazione dei meccanismi di cooperazione (tra questi, il sistema messo in piedi dalla Comunità Europea attraverso le Convenzioni di Yaoundé e, successivamente, di Lomé).

Nel corso degli anni Settanta, a causa della crisi economica generata dall'aumento del prezzo del petrolio, le economie industrializzate (di entrambi i blocchi) limitarono molto i trasferimenti pubblici verso i Paesi poveri, che furono parzialmente bilanciati dall'aumento dei finanziamenti dei paesi OPEC e dei flussi di capitale delle banche private[11]. Negli anni Ottanta una serie di avvenimenti, ossia l'ulteriore rallentamento della crescita dei Paesi industrializzati, la diminuzione del prezzo delle materie prime (e il deterioramento delle ragioni di scambio), la contrarietà di molti Paesi donatori a continuare ad investire, l'aumento dei tassi di interesse e la conseguente crisi del debito contribuirono a rendere molto più instabile la situazione mondiale. Per i Paesi in via di sviluppo, a questo punto, si rese necessario modificare la destinazione degli aiuti: priorità non più agli interventi per l'aumento del reddito e per il supporto agricolo e sociale ma, piuttosto, alle azioni a sostegno del debito o alle riforme di aggiustamento strutturale prospettate dalle istituzioni finanziarie internazionali (svalutazione monetaria, riduzione della spesa pubblica, privatizzazione di molti settori produttivi, etc.). Infine, il crollo dei governi socialisti dei Paesi dell'Europa orientale, all'inizio degli anni Novanta, comportò un interesse maggiore da parte dei paesi occidentali verso questi Stati, «sminuendo» così

---

[11] I paesi in via di sviluppo, vista la stagnazione delle economie industrializzate, furono visti come un ottimo sbocco per il mercato degli «eurodollari», anche se questo fu il motivo all'origine della crisi debitoria sfociata negli anni Ottanta.

il ruolo dei Paesi in via di sviluppo «tradizionali» come unici beneficiari degli aiuti.

La situazione, oggi, appare molto complessa; senza tregua si susseguono conflitti, emergenze umanitarie e migrazioni forzate. Alle novità, che vanno, ad esempio, dalla crescita esponenziale delle attività della «cooperazione decentrata» (ossia di quegli interventi che hanno come attori principali enti locali, ONG, ONLUS, etc.), non corrispondono sempre buoni risultati «sul campo». Una serie di fattori politico-economici, che partono dalla seconda metà degli anni Novanta (scoppio della bolla informatica, crisi economica internazionale, attentati terroristici, guerre in Afghanistan ed in Iraq, aumento delle spese belliche) hanno mutato notevolmente lo scenario internazionale e, nel caso dell'assistenza internazionale, rappresentano sia un motivo di rinvio del processo di riforma della cooperazione multilaterale (apparso necessario alla luce di quanto convenuto in alcune Conferenze internazionali, come quella di Rio del 1992, organizzate sotto l'alveo delle Nazioni Unite), sia la causa dei tagli degli aiuti pubblici bilaterali allo sviluppo che, dalla fine della Guerra Fredda a oggi, risultano globalmente diminuiti.

2. Il rapporto con il diritto internazionale.

Riteniamo opportuno accennare, ora, al rapporto fra il fenomeno della cooperazione allo sviluppo e le norme di diritto internazionale.

Premesso che il concetto di cooperazione internazionale allo sviluppo racchiude le diverse forme di trasferimento di risorse ai Paesi poveri (multilaterale, bilaterale e multibilaterale)[12], Conforti[13] afferma che il diritto internazionale economico è forse quello in cui più che in ogni altro sia da

---

[12] V. *infra*, pagg. 11-12, per le differenze fra le diverse forme di cooperazione.
[13] *Diritto Internazionale*, 2002, pagg. 218 ss.

escludersi la formazione di norme consuetudinarie (obbligatorie per tutti gli Stati); si tratta di un settore dominato, infatti, dalle norme pattizie. Pur in presenza di principi generali dichiarati soprattutto dall'Assemblea generale e dal Consiglio economico e sociale delle Nazioni Unite[14], non si potrebbe parlare di norme consuetudinarie produttive di concreti effetti giuridici per gli Stati. In particolare Giuliano[15] respinge la tesi secondo cui alcune risoluzioni dell'Assemblea generale relative alla cooperazione allo sviluppo abbiano un'efficacia maggiore di una raccomandazione in quanto esse «si limitano ad auspicare e a sollecitare una siffatta cooperazione su base volontaria, e non certo ad imporla».

Nella sfera delle relazioni internazionali, il fenomeno della cooperazione allo sviluppo assume, comunque, un carattere peculiare. Giuliano afferma, infatti, che essa sia venuta «modellandosi nella pratica degli Stati interessati ad organizzarla essenzialmente come un insieme di principi, di regole o di *standard* destinati a costituire altrettante deroghe od eccezioni ai principi, alle regole o agli *standard* tradizionalmente seguiti dagli Stati in materia di commercio» o più generalmente nella sfera delle relazioni economiche[16]. In altre parole, la cooperazione allo sviluppo non era e non è internazionalmente organizzata su una base di reciprocità e mutui vantaggi ma, proprio perché nasce per ovviare alle disparità economiche fra i partner,

---

[14] Si ricordano ad es. i «contenitori» di principi come: Dichiarazione sul Nuovo Ordine Economico Internazionale, Carta dei diritti e doveri economici degli Stati, Dichiarazione della Conferenza di Rio, Dichiarazione sul 50° anniversario dell'ONU, etc.
[15] *Op. cit.*, pagg. 1 ss.
[16] Secondo GIULIANO, *op. cit.*, pagg. 7 ss., fu proprio la correlazione fra commercio e sviluppo a far evolvere e a dare forza e individualità alla cooperazione allo sviluppo. Sia in ambito ONU che in quello comunitario, infatti, il punto di partenza fu costituito dalla necessità di regolare i rapporti commerciali tra Paesi industrializzati e non (in primo luogo attraverso deroghe, in secondo luogo attraverso principi generali).

esclude di per sé di essere organizzata sotto forma di mutua assistenza o sotto altre forme che comportino contropartite allo Stato beneficiario.

Lucchini[17], dal canto suo, fornisce un'analisi sul rapporto fra i Paesi decolonizzati e il diritto internazionale economico consuetudinario e pattizio. Per quanto riguarda il diritto consuetudinario, le rivendicazioni dei Paesi di nuova formazione diedero vigore alla teoria del «*persistent objector*», ossia di quello Stato che si oppone alla formazione di una norma consuetudinaria per renderla non applicabile nei suoi confronti[18]. L'Autrice mette in risalto, a prescindere dalle posizioni dottrinali, due importanti elementi: da un lato, la rilevanza delle obiezioni dei Paesi in via di sviluppo (che, nella loro totalità, costituiscono pur sempre la maggioranza della comunità internazionale) secondo il principio per cui la contestazione è irrilevante se proviene da un singolo mentre non può essere ignorata se,

---

[17] *Cooperazione e diritto allo sviluppo nella politica esterna dell'Unione Europea*, 1999, pagg. 5 ss.
[18] Secondo l'insegnamento comune le norme consuetudinarie (che discendono da un ripetuto comportamento degli Stati nella convinzione che questo sia obbligatorio) vincolano sia gli Stati esistenti al tempo della propria formazione sia quelli nati successivamente. Più nello specifico, le posizioni della dottrina circa la teoria dell'obiettore persistente sono discordanti. Da una parte i favorevoli, che, oltre ai fautori del cosiddetto «volontarismo» del diritto internazionale, sostengono che uno Stato che si oppone costantemente ad una norma possa non esserne vincolato; questi, sulla base di due pronunce della Corte Internazionale di Giustizia (caso «Pescherie norvegesi», 1951, e «Diritto d'asilo», 1950) e del «Restatement of Foreign Relations of United States of America» (1987), individuano una serie di requisiti «per la validità dell'obiezione alla norma consuetudinaria»: il dissenso deve avvenire durante la fase di formazione della stessa e deve essere costantemente mantenuto; non ci si oppone alla norma in sé ma solo all'applicabilità nei propri confronti; se ci si oppone alla norma dopo la conclusione del processo di formazione si viola la stessa con conseguente responsabilità internazionale. Dall'altra parte, una schiera di contrari: chi punta il dito sulla scarsità degli elementi giuridici (le due pronunce sono insufficienti ed il *Restatement* è un atto di diritto interno); chi sulla irrilevante prassi a favore («anche dove avrebbero potuto rifarsi alla dottrina del *persistent objector*, gli Stati hanno preferito cercare di dimostrare l'inesistenza della norma consuetudinaria» piuttosto che ricorrere alla manifestazione dell'obiezione alla norma per renderla inapplicabile nei propri confronti).

coerente e ripetuta, proviene da un gruppo di Stati; dall'altro, il loro effettivo contributo alla trasformazione di alcune consuetudini antecedenti alla decolonizzazione, inadatte a regolare i rapporti fra Paesi con redditi assai diversi, come alcune norme in tema di sovranità sulle risorse naturali, di zona economica esclusiva e, infine, di protezione diplomatica (la cosiddetta «dottrina Calvo»[19]). Per quanto riguarda il diritto convenzionale, d'altro canto, la spinta dei Paesi decolonizzati fece introdurre nel *GATT* (General Agreement on Tariffs and Trade) la *Parte IV* («Commercio e Sviluppo», in cui venne introdotto il principio di non reciprocità nelle relazioni commerciali) e fece adottare dall'Assemblea generale risoluzioni riguardanti obiettivi di sviluppo e progresso universali.

Per gli aspetti sinteticamente esposti e per l'importanza morale delle solenni Dichiarazioni degli organi del «sistema delle Nazioni Unite», una parte della dottrina ha introdotto il concetto di *«diritto internazionale allo sviluppo»*, ossia quell'insieme di regole ed istituzioni del diritto internazionale pubblico che hanno il fine di favorire lo sviluppo economico, sociale, culturale e politico dei Paesi poveri. Ciò significherebbe che gli Stati industrializzati, nel prestare assistenza agli Stati in via di sviluppo, non farebbero che adempiere agli obblighi giuridici discendenti dal diritto internazionale generale: ma come già si accennava, una buona parte della dottrina è scettica riguardo all'esistenza e all'obbligatorietà di norme in tema di sviluppo in seno alla comunità internazionale[20]. La materia è sì

---

[19] CONFORTI, *op. cit.*, pag. 215, afferma che secondo tale dottrina «le controversie in tema di trattamento degli stranieri sarebbero di esclusiva competenza dei Tribunali dello Stato locale». Da essa sono dipese, inoltre, sia la creazione di una «clausola» contrattuale (che prevedeva la rinuncia, da parte delle imprese straniere, alla protezione dello Stato d'origine) sia l'*art. 2* (in tema di nazionalizzazione dei beni stranieri) della *Carta dei diritti e doveri economici degli Stati*.

[20] Il problema sollevato da molti riguarda soprattutto la formazione delle consuetudini; non sembra, infatti, che la prassi deponga a favore di una tesi del genere. Sul concetto di «diritto internazionale allo sviluppo» v. LUCCHINI, *op. cit.*,

diretta da un imponente numero di raccomandazioni, ma soprattutto è dominata da norme convenzionali: la cooperazione «*multilaterale*», attuata da organizzazioni internazionali a vocazione universale (ONU e Istituti Specializzati) e da organizzazioni regionali (ad esempio UE e banche regionali di sviluppo), che trova la sua disciplina giuridica nei trattati istitutivi, nelle delibere adottate dagli organi sociali e negli accordi con i Paesi beneficiari; quella «*bilaterale*», realizzata sulla base sia di leggi interne che di accordi fra Stati donatori e Stati beneficiari; infine, quella «*multibilaterale*», caratterizzata dall'associazione dei finanziamenti concessi da più Stati donatori (o da Stati ed enti sovranazionali) che sono si «filtrati» dal «Sistema delle Nazioni Unite» (come per la cooperazione multilaterale), ma risultano «tuttavia condizionati, in misura diversa secondo le varie formule giuridiche adottate, alla realizzazione di priorità (...) proprie degli Stati che conferiscono le risorse finanziarie»[21] (come per la cooperazione bilaterale).

I trasferimenti di risorse da uno Stato all'altro sono effettuati, quindi, in base a precisi impegni pattizi assunti dai Paesi industrializzati e non in virtù di obblighi derivanti dal diritto internazionale. Si tratta, per concludere, delle convenzioni che disciplinano una cooperazione fra Stati, delle diverse organizzazioni intergovernative a cui i trattati istitutivi conferiscono competenza in materia e delle diverse legislazioni nazionali. Tali regole costituiscono il «diritto internazionale *dello* sviluppo», differente, come si diceva, dalla nozione controversa di «diritto internazionale *allo* sviluppo», la cui esistenza sembra debba mettersi in discussione[22].

---

pagg. 15 ss., in cui l'Autrice ammette che alcune norme (sovranità economica, giustizia sostanziale nei rapporti economici internazionali, solidarietà e cooperazione) potrebbero essere il sintomo di un diritto in formazione.
[21] MARCHISIO, *op. cit.*, pagg. 1555.
[22] Su tale problematica e sugli orientamenti della dottrina internazionalistica v.

A questo punto, dopo due paragrafi introduttivi che hanno delimitato il campo della ricerca, andremo ad approfondire il «sistema» che, sul piano universale, ha introdotto ed ha contribuito a far evolvere la cooperazione internazionale sotto i profili normativo e operativo: le Nazioni Unite.

3. Il ruolo normativo nel «sistema delle Nazioni Unite».

Le Nazione Unite, come accennavamo, hanno dato e danno impulso alla cooperazione internazionale in campo economico e sociale. Si ricordino a tal proposito i già citati *art. 1* e *cap. IX* del trattato istitutivo; inoltre sembra utile indicare anche il *cap. X*, il quale, agli *artt. 62-64*, regola l'attività del Consiglio economico e sociale («può compiere o promuovere studi o relazioni su questioni internazionali economiche, sociali, culturali, educative, sanitarie e simili e può fare raccomandazioni riguardo a tali questioni all'Assemblea generale, ai membri delle Nazioni Unite ed agli Istituti Specializzati interessati»).

Il ruolo dell'ONU è da ritenersi fondamentale anche perché i Paesi in via di sviluppo hanno da sempre considerato l'Organizzazione e soprattutto l'Assemblea generale come la «piazza» più appropriata per evidenziare con forza le proprie rivendicazioni[23]. Secondo Conforti, la spinta data, per molti anni, dai Paesi in via di sviluppo, si può comparare a quella che si ebbe negli anni Cinquanta a favore del processo di decolonizzazione (ed infatti l'Autore sottolinea spesso il concetto di «decolonizzazione economica»); questa volta, però, vuoi per gli ostacoli insiti nella complessità dei problemi da risolvere, vuoi per l'opposizione agli interessi dei Paesi industrializzati, il processo, continua l'Autore, non ha sortito i successi sperati.

---

anche MARCHISIO, *op. cit.*, pagg. 1558-1559.
[23] CONFORTI, *Le Nazioni Unite,* 2002, pag. 234, ne spiega la ragione: rappresentando tali Paesi la maggioranza in seno all'organizzazione, è facile intuire perché l'abbiano «scelta» come sede appropriata per le loro rimostranze.

Gli organi dell'ONU preposti alla cooperazione internazionale, in base all'*art. 60* della Carta, sono: Assemblea generale, Consiglio economico e sociale (sotto la direzione della prima) e organi sussidiari da queste istituiti; in più si contano anche i diversi Istituti Specializzati, organizzazioni internazionali autonome che promuovono anch'esse attività nel settore della cooperazione[24].

L'azione dell'ONU nel settore si fonda su due particolari funzioni: quella normativa e quella operativa (quest'ultima, che ai fini della ricerca è quella che ci interessa maggiormente, verrà trattata nel paragrafo successivo).

Per *funzione normativa* si intende l'azione dell'ONU relativa alla predisposizione di principi che si ritiene debbano regolare i rapporti fra i vari Stati nel settore in questione. Tali regole sono contenute in *dichiarazioni di principi* (dell'Assemblea generale), *raccomandazioni* (dell'Assemblea generale o del Consiglio economico e sociale) e *progetti di convenzioni*. La caratteristica giuridica di tali regole generali è che sono sprovviste, in base alla Carta, di obbligatorietà; Assemblea generale e organi sottostanti non sono dotati di poteri vincolanti. Conforti[25], però, ammette che la mancanza di tale caratteristica «non deve certo indurre a disconoscerne il valore e l'utilità; a parte gli effetti limitati (...) dal punto di vista giuridico (...)» (ad esempio l'«effetto di liceità» delle raccomandazioni), «(...) essi hanno la forza che deriva dai grandi ideali che perseguono, dalla tenacia con cui questi ideali vengono perseguiti, dalla corrispondenza che i medesimi trovano nella coscienza dei popoli». In ogni

---

[24] CONFORTI, *op. ult. cit.*, pag. 243, spiega il rapporto fra ONU ed Istituti Specializzati: il collegamento «(...) nasce da un accordo che le due Organizzazioni stipulano (*art. 57* della Carta) (...)» e «(...) prevede lo scambio di rappresentanti, osservatori, documenti, il ricorso a consultazioni in caso di necessità, il coordinamento dei rispettivi servizi tecnici, (...)».
[25] *Op. ult. cit.*, pag. 235.

caso, le risoluzioni svolgono un ruolo fondamentale ai fini dell'evoluzione del diritto internazionale e del suo adeguamento alla realtà in continuo mutamento. Tutto ciò nonostante le riserve spesso apportate dai Paesi industrializzati e di un altro limite, questa volta procedurale e «politico»: l'utilizzo per molte di esse, all'atto della votazione, del *consensus*.

Tra le risoluzioni che hanno indirizzato la materia ve ne sono alcune di importanza capitale: *Dichiarazione e Programma d'azione per l'instaurazione di un Nuovo Ordine Economico Internazionale* (ris. *3201* e *3202* del 1974) e la *Carta dei diritti e doveri economici degli Stati* (ris. *3281* del 1974). Esse pronunciano una lunga serie di regole che possono essere suddivise in norme di comportamento generali (diritto di ogni Stato a scegliere il proprio sistema economico e sociale; sovranità sulle proprie risorse naturali; potere di nazionalizzare i beni stranieri; diritto di controllo delle attività delle società multinazionali; etc.) e in norme che dovrebbero dirigere gli accordi di cooperazione economica (contrattazione libera da pressioni politico-economico-militari; necessità di un equo rapporto fra i prezzi delle materie prime esportate e dei manufatti importati dai Paesi poveri; la concessione di trattamenti preferenziali; etc.). Il presupposto si trova nella considerazione che la cooperazione internazionale sia un obiettivo ed un «dovere comune»; i fini sono l'uguaglianza, l'equità, l'interdipendenza e l'eliminazione dello squilibrio esistente fra i vari Paesi. Il Nuovo Ordine Economico Internazionale si poneva, quindi, come rimedio alle disuguaglianze, in modo da garantire a tutti i Paesi sviluppo economico e giustizia sociale.

L'azione normativa e programmatica dell'ONU si è sviluppata anche attraverso delle, per così dire, «attività promozionali». In questo senso vanno letti i *programmi decennali* che l'Assemblea generale adotta e continua ad adottare dal 1960 come indicazioni dei fini da raggiungere nei dieci anni successivi e come stimoli diretti alla sensibilizzazione e al coordinamento verso i problemi dello sviluppo. Di portata ancor più generale delle risoluzioni, secondo Conforti[26], essi hanno, aldilà dei principi annunciati, una caratteristica comune, ossia «registrare gli insuccessi nel perseguimento degli obiettivi fissati per la decade precedente».[27]

4. Il ruolo operativo.

Nel settore della cooperazione allo sviluppo, sin dal dopoguerra, le diverse agenzie hanno intrapreso molte iniziative intese a far intervenire il «sistema delle Nazioni Unite» nella soluzione di «concreti problemi economici e sociali, sotto forma di *deliberazione ed esecuzione di programmi di assistenza tecnica o di altri tipi di aiuti* ai Paesi in via di sviluppo»[28]. La competenza a svolgere attività operative si desume dai *capp. IX* e *X* della Carta ed in particolare dagli *artt. 60* e *66*, che prevedono la possibilità del Consiglio economico e sociale di eseguire, sotto l'egida dell'Assemblea generale, «servizi che siano richiesti da membri delle Nazioni Unite o da Istituti Specializzati».

Le attività operative che organi sussidiari e Istituti Specializzati hanno svolto e svolgono in materia, oltre alla cooperazione umanitaria, agli aiuti

---

[26] *Op. ult. cit.*, pag. 238.
[27] Anche l'UNCTAD (United Nation Conference on Trade And Development) ha assunto, dall'atto della sua creazione (1964), un'importante funzione a livello normativo per quanto concerne la promozione delle problematiche economico-commerciali. Quest'organo sussidiario incoraggia, come afferma CONFORTI, *op. ult. cit.*, pag. 238, «il commercio internazionale nel quadro della politica di sviluppo dei Paesi arretrati, fissando le regole che a tale commercio devono presiedere e soprattutto facilitando la negoziazione dei relativi accordi multilaterali». Ad essa sono riconducibili anche altri stimoli, tra cui la promozione di un sistema di preferenze tariffarie negli scambi commerciali (principio accolto nel 1971 dal GATT), la creazione di uno gruppo di lavoro per l'elaborazione della Carta dei diritti e doveri economici degli Stati, etc.
[28] CONFORTI, *op. ult. cit.*, pag. 239.

d'urgenza e al soccorso alimentare, riguardano le cooperazioni «tecnica e finanziaria». Il nostro studio, che si soffermerà unicamente su quest'ultime, prenderà in esame, più precisamente, due particolari organismi: l'*UNDP* (United Nation Development Program, organo sussidiario attivo nel campo della cooperazione tecnica) e il *Gruppo della Banca Mondiale* (Istituto Specializzato operante nel settore della cooperazione finanziaria).

Riteniamo utile, preliminarmente, un chiarimento circa il significato dei termini «cooperazione tecnica» e «cooperazione finanziaria». Per *cooperazione tecnica* si intendeva, fino agli anni Ottanta, la sola formazione di quadri per lo sviluppo in progetti di tipo agricolo, infrastrutturale e sociale, mediante l'invio di personale tecnico esperto; successivamente la nozione si è allargata fino a comprendere ogni trasferimento di conoscenze e capacità tecniche tramite la fornitura di consulenze più o meno prolungate e l'attività di formazione del personale in qualsiasi campo; o meglio, quel mezzo diretto a promuovere, «mediante la diffusione delle conoscenze, la fornitura di servizi e le missioni di esperti, una più efficace utilizzazione delle risorse economiche di cui gli Stati in via di sviluppo dispongono, (...), l'autonomia degli Stati emergenti nella formulazione ed esecuzione di politiche nazionali di sviluppo attraverso la valorizzazione delle risorse umane e l'aiuto ai governi nei settori sociali fondamentali»[29]. La *cooperazione finanziaria* è costituita, dal canto suo, dall'insieme dei flussi finanziari, concessi a titolo gratuito o meno, consistenti «nell'aumento (...) delle risorse a disposizione degli Stati beneficiari»[30], che vengono indirizzati verso molteplici iniziative, tra le quali vi rientrano anche progetti e programmi di assistenza tecnica. A tal proposito, secondo il parere di Giuliano[31], per il Gruppo della Banca Mondiale (e lo stesso può valere

---

[29] MARCHISIO, *op. cit.*, pag. 1552.
[30] *Ibidem*, pag. 1552.

anche per il sistema comunitario), si può parlare di stretta *complementarità e interdipendenza tra cooperazione finanziaria e cooperazione tecnica*, nel senso che sovente l'assistenza tecnica è complementare o preliminare all'esecuzione di determinati progetti o programmi di sviluppo finanziati. L'UNDP, invece, presenta una spiccata individualità (e questo ci spinge ad approfondirne le caratteristiche), sia perché le risorse messe a disposizione dei Paesi beneficiari si indirizzano *esclusivamente* verso azioni di supporto tecnico e sia perché essa opera attraverso il solo strumento dei doni[32].

L'obiettivo dei successivi paragrafi, ai fini della nostra ricerca, è, dunque, quello di mettere in risalto il settore dell'assistenza tecnica all'interno del «sistema delle Nazioni Unite», in modo che faccia da introduzione ai prossimi Capitoli, nei quali tratteremo, più dettagliatamente, sia la struttura e le norme della cooperazione finanziaria e tecnica della Comunità Europea, sia le norme relative alle gare d'appalto di servizi finanziati attraverso il FES, che rappresentano il *trait d'union* tra le fasi di preparazione e di esecuzione dei progetti di sviluppo di assistenza tecnica.

a. La cooperazione tecnica fornita dall'UNDP.

L'UNDP ha le sue origini nell'*EPTA* (Expanded Program of Technical Assistance), creato nel 1949 dall'Assemblea generale. Allo scopo di sopperire alla mancanza di capacità tecniche nei Paesi a basso reddito l'assistenza fu concepita inizialmente come un canale per la creazione in loco di centri di ricerca e per la fornitura di consulenze tecniche e di borse di studio di breve durata (su richiesta del Paese beneficiario). In base a questo, le nove agenzie dell'ONU (organi sussidiari o Istituti Specializzati)

---

[31] *Op. cit.*, pag. 121.
[32] Il Gruppo della Banca Mondiale si caratterizza, invece, per la concessione di crediti o di prestiti a tassi più o meno agevolati; a sua volta la Comunità Europea accorda i finanziamenti sia sotto forma di sovvenzioni (la maggior parte) che sotto forma di prestiti.

esistenti in quel momento (tra cui FAO, ILO ed UNESCO) erano responsabili dell'esecuzione dei progetti di assistenza tecnica nei settori di loro competenza. Le difficoltà dell'EPTA erano evidenti: il sostegno finanziario era insufficiente; i pagamenti avvenivano spesso con ritardo; le risorse disponibili venivano ripartite secondo quote per agenzia, piuttosto che in accordo ai bisogni e alle priorità espresse dai Paesi in via di sviluppo; le consulenze fornite erano di gran lunga inferiori alle richieste[33].

Nel 1958, per tutta questa serie di ragioni, l'Assemblea generale creò l'*UNSF* (United Nation Special Fund) che, fino al 1965, si configurò come un'integrazione dell'EPTA. Essenzialmente, con un volume di risorse doppio dei contributi dell'EPTA, l'UNSF era capace di intraprendere progetti di maggiore dimensione e di più lunga durata. Nel 1968, infine, i due organismi furono fusi nell'UNDP: il lavoro fu così posto sotto una guida unificata in grado di fornire un coordinamento della pianificazione, dell'amministrazione e delle operazioni delle due componenti. Nel 1970, con la *ris. 2688* dell'Assemblea generale, venne approvato, inoltre, un nuovo approccio alla programmazione delle attività. Il nuovo metodo si basava sul *Country Program* (un quadro teorico-pratico quinquennale per l'organizzazione di piani di sviluppo nazionali) e sulla definizione di cifre indicative di pianificazione, le *Indicative Planning Figures* (le risorse che si prevedeva mettere a disposizione di un Paese). Lo sforzo era profuso sia per introdurre dei metodi il più possibile obiettivi sia per qualificare la struttura dell'UNDP come coordinatrice e leader, all'interno dei Paesi beneficiari, di tutte le agenzie ed enti del sistema delle Nazioni Unite attivi nel campo dell'assistenza tecnica[34].

---

[33] Per fornire un termine di paragone, le risorse ivi destinate erano soltanto 1/50 dell'aiuto fornito in quel periodo dal Piano Marshall.
[34] A partire dagli anni Ottanta, inoltre, allo scopo di mettere il Country Program in relazione con l'assistenza tecnico-finanziaria proveniente da altri donatori quali il

L'UNDP, organo sussidiario dell'Assemblea generale (la quale ne decide politiche generali e ne controlla le attività), presenta la seguente struttura organizzativa: il *Governing Council* (una sorta di consiglio di amministrazione, composto dai rappresentanti di quarantotto Stati membri, responsabile del controllo delle politiche e delle operazioni dell'UNDP; le sue funzioni, nell'ambito della pianificazione e dell'esecuzione dell'assistenza, vanno dalla determinazione della ripartizione delle risorse globali all'approvazione dei programmi-Paese e delle cifre indicative di pianificazione, dalla definizione delle priorità all'esame dei risultati ottenuti); l'*Administrator* (organo esecutivo, nominato dal Segretario generale con il parere consultivo del Governing Council e l'approvazione dell'Assemblea generale; egli, tra le altre funzioni, ha il potere esclusivo di presentare al Governing Council le richieste di assistenza da parte dei governi e concludere accordi con le agenzie di esecuzione dei progetti che l'UNDP finanzia); infine, la *Inter-Agency Consultative Board* (un foro di discussione in cui si incontrano ed emettono pareri i responsabili degli organi sussidiari e degli Istituti Specializzati che partecipano alle attività dell'UNDP).

L'UNDP è, dunque, un sistema complesso costituito sulla base delle strutture amministrative dell'ONU, una sorta di ruota di trasmissione principale di un sistema meccanico in cui ogni singola agenzia costituisce una ruota minore ma essenziale; in altre parole, è un organismo che canalizza le risorse finanziarie che riceve dagli Stati membri verso attività di assistenza tecnica che sono svolte sul campo dalle varie agenzie[35].

Gruppo della Banca Mondiale, le Banche regionali ed i Paesi donatori, l'UNDP promuove le cosiddette «tavole rotonde»; nel corso di tali incontri vengono messi a confronto i vari programmi di assistenza allo scopo di promuoverne la complementarità.

[35] È bene accennare che anche l'UNDP, a partire dagli anni Settanta, si è dotato di

Gli ambiti di intervento dell'assistenza tecnica sono molteplici e riguardano molti settori della vita economica e sociale dei Paesi beneficiari: agricoltura, foreste, pesca, trasporti, telecomunicazioni, industria, istruzione, occupazione, salute, tecnologie, commercio e finanza, sviluppo urbano e rurale, condizioni sociali, giustizia. Lo scopo è quello di creare e/o rinforzare il potenziale di pianificazione, esecuzione e valutazione degli interventi di sviluppo da parte dei Paesi beneficiari e, quindi, migliorare le opportunità di investimento; più in particolare, la cooperazione tecnica è tesa a formare professionalmente il personale, a fornire studi settoriali e a rendere più efficienti le istituzioni nazionali preposte allo sviluppo dei vari settori.

Gli Stati in via di sviluppo non sono soltanto semplici beneficiari dell'assistenza tecnica ma partecipano a tale attività in vari modi: assumono su di sé i servizi di personale nazionale, forniscono sedi, installazioni e una buona parte (fino al 60%) delle spese sostenute in loco. Più specificamente si possono individuare, per quanto concerne il grado di coinvolgimento dei Paesi beneficiari nel processo di sviluppo, tre fasi temporali: nella prima, fino a tutti gli anni Sessanta, gli esperti scelti dagli organi dell'UNDP risiedevano per lunghi periodi nei vari Paesi per creare le istituzioni necessarie e per mettere in opera singoli progetti di sviluppo settoriale (*institutional building*); nella seconda, che prende gli anni Settanta, l'invio degli esperti rinforza e sostiene le neonate istituzioni (*project implementation*); la fase attuale, iniziata negli anni Ottanta e rafforzata nei Novanta, è quella della «*complementarietà tecnica*», ossia di quel tipo di assistenza altamente specializzata e normalmente di breve durata.

---

una propria struttura (l'OPE, *Office for Project Execution*) per l'esecuzione dei progetti; si tratta di quegli interventi che non rientrano nella competenza di nessuna agenzia dell'ONU o che sono di natura altamente specialistica.

Ci sembra opportuno, infine, accennare anche all'iter che attraversano i singoli interventi di assistenza tecnica promossi dall'UNDP: identificazione e preparazione del progetto (dopo la richiesta che spetta esclusivamente al Paese beneficiario); esame di fattibilità; approvazione del Governing Council; firma di accordi fra UNDP, governo del Paese beneficiario e agenzia del «sistema delle Nazioni Unite» incaricata dell'esecuzione; messa in opera (che si basa in special modo sulla fornitura di servizi e consulenze)[36]; revisione (realizzata normalmente durante l'esecuzione); infine, valutazione *ex-post* (importante fattore «esperienza» per la messa in opera di progetti futuri).

b. La cooperazione per il finanziamento allo sviluppo del Gruppo della Banca Mondiale.

Giuliano[37], nell'introdurre l'analisi della cooperazione finanziaria in contesti multilaterali posti sotto l'egida dell'ONU, afferma che «non sono mancati alcuni tentativi di collegare le attività operative nel campo dell'assistenza tecnica che il sistema delle Nazioni Unite svolgeva e svolge a favore dei Paesi in via di sviluppo a quella che lo stesso sistema offriva ed offre nel campo dell'assistenza finanziaria. A questi tentativi, tuttavia, si sono recisamente opposti i maggiori Stati industrializzati, nel presumibile intento di salvaguardare la loro posizione di influenza, in virtù del voto ponderato, nell'amministrazione degli enti internazionali preposti all'assistenza finanziaria ai Paesi in via di sviluppo». In quest'ottica è utile

---

[36] La richiesta di prestazioni del genere viene pubblicata sul *Development Business* (un periodico della «Divisione delle Nazioni Unite per l'Informazione Economica e Sociale») che ha lo scopo di divulgare le informazioni relative sia alle *business opportunities* inerenti ai progetti finanziati sia, più nello specifico, alle gare d'appalto indette dagli organi del «sistema delle Nazioni Unite» (compresi i servizi tecnici finanziati dal Gruppo della Banca Mondiale; a tal proposito v. *infra*, par. 5, pagg. 34-37).
[37] *Op. cit.*, pag. 67.

considerare che l'attività dell'UNDP è decisamente minoritaria, per la quantità di risorse effettivamente impiegate, rispetto a quella del Gruppo della Banca Mondiale (pur con le dovute differenze, ma nella convinzione che assistenza tecnica e finanziaria siano funzionalmente complementari), e che, più in generale, le attività operative dell'ONU rappresentano solo una minima percentuale rispetto al volume globale dell'assistenza pubblica internazionale. Occorre riconoscere, in tal senso, che «il problema pratico più rilevante sollevato dalle attività operative dell'UNDP è quello del *reperimento dei fondi* necessari per mandarle ad effetto»; infatti, «deve assolutamente escludersi che tale reperimento sia configurabile come «spesa dell'Organizzazione» e quindi sia ripartibile *obbligatoriamente* tra gli Stati membri dalla maggioranza dei 2/3 dell'Assemblea generale ai sensi dell'*art.17* della Carta»[38].

Al moltiplicarsi delle funzioni operative non ha corrisposto, dunque, una convincente azione dell'ONU a favore dello sviluppo: esso «è e resta un ente con preponderanti competenze di tipo normativo, un ente cioè destinato non ad operare ma a dettare regole agli Stati»[39].

Con il nome di *Gruppo della Banca Mondiale* si intende comunemente indicare quattro diverse istituzioni: la *IBRD* (International Bank for Reconstruction and Development), l'*IDA* (International Development

---

[38] CONFORTI, *op. ult. cit.*, pagg. 241 ss. L'Autore sottolinea che la formula dell'*art.66* («(...) eseguire sevizi (...) richiesti da membri delle Nazioni Unite o da Istituti Specializzati») intende che ciascun programma di cooperazione abbia il suo autonomo finanziamento. Anche la prassi, inoltre, si è conformata alla *volontarietà* dei contributi. Sullo stesso tema MARCHISIO, *op. cit.,* pag. 1554-1555, rileva sia il forte controsenso tra il finanziamento volontario annuale della cooperazione tecnica promossa dall'UNDP ed il suo sistema di funzionamento basato sulla programmazione a lungo termine delle attività operative, sia il rifiuto sistematico degli Stati donatori ad assumere impegni pattizi «anche in ordine alla contribuzione volontaria pluriennale».
[39] CONFORTI, *op. ult. cit.*, pag. 242.

Association), l'*IFC* (International Financial Corporation) e la *MIGA* (Multilateral Agency for the Guarantee of Investments)[40].

Il Gruppo della Banca Mondiale è divenuto, in base ad un convenzione di collegamento, un Istituto Specializzato delle Nazioni Unite. Le istituzioni sopra menzionate sono organismi legalmente distinti; peculiare è, comunque, l'attività svolta da IBRD e IDA nel finanziamento di progetti di sviluppo in settori di pubblica utilità. Tra queste due istituzioni esistono differenze sostanziali, come vedremo, in relazione all'origine ed ai beneficiari dei fondi nonché agli strumenti di finanziamento; solo formalmente esiste, d'altro canto, una diversità in rapporto ai settori di utilizzo dei fondi stessi (esse, infatti, finanziano grosso modo lo stesso genere di interventi, ossia progetti e programmi di sviluppo o ristrutturazioni economiche attraverso i piani di aggiustamento strutturale); IBRD e IDA, inoltre, hanno personale, strutture logistiche e criteri di supervisione e valutazione dei progetti medesimi[41].

Al di fuori delle spese militari, come prevedono gli accordi istitutivi, può essere finanziato quasi ogni tipo di intervento in molteplici settori: agricoltura, produzione di energia, sistemi di trasporto, sanità, telecomunicazioni, industria, sviluppo urbanistico, assistenza finanziaria per sostegno a riforme di politica economica, sistemi idrici, formazione professionale, e così via.

---

[40] A queste si aggiunga anche un quinto organismo, ossia l'ICSID (International Center for the Resolution of Investments Disputes).
[41] L'IFC, invece, oltre ad avere una distinta struttura e organizzazione, ha la funzione di promuovere la crescita del settore privato dell'economia assumendo, ad esempio, partecipazioni al capitale delle aziende finanziate e favorendo l'ingresso di capitali esteri per investimenti diretti. La MIGA, infine, promuove gli investimenti privati verso i Paesi in via di sviluppo attraverso strumenti assicurativi ed ha anch'essa una struttura organizzativa autonoma.

Gli azionisti delle due istituzioni sono i circa centottanta Paesi membri, che le dirigono tramite il Consiglio dei Governatori; questo delega parte dei propri poteri al Comitato dei Direttori Esecutivi, a composizione ristretta, che, retto da un Presidente, delibera su operazioni di prestito, raccolta e su politiche e strategie. A differenza dell'Assemblea Generale dell'ONU, dove ogni Stato membro dispone di un voto, nel Gruppo della Banca Mondiale il potere di voto dipende dal contributo finanziario di ciascun Paese membro. In base a ciò i Paesi del G7 dispongono di circa il 45% dei voti (è prassi, comunque, l'utilizzo della pratica del *consensus*).

La IBRD nasce, insieme all'*IMF* (International Monetary Fund), dagli accordi presi a Bretton Woods nel 1944 riguardanti il nuovo assetto che il sistema economico internazionale avrebbe preso dopo la fine del conflitto mondiale. Come indica la sua stessa denominazione, la IBRD si caratterizzava per due scopi istituzionali: finanziare la ricostruzione dei Paesi distrutti dagli eventi bellici, in prevalenza europei, e sostenere il processo di sviluppo dei Paesi meno avanzati (*art. 1* dell'accordo istitutivo). È indubbio che il secondo sia divenuto esclusivo, anche perché l'«originale impostazione della Banca venne (...) ridimensionata in seguito al lancio del piano Marshall nel 1947»[42] ed alla creazione delle prime Comunità europee. L'IBRD si finanzia grazie al capitale sociale versato dai Paesi membri e collocando obbligazioni sui mercati internazionali o presso entità pubbliche dei Paesi membri. I prestiti possono essere concessi solo a favore di Paesi membri o a favore di enti di cui uno Stato si faccia garante.

L'impiego delle risorse della Banca, che in via generale tendono alla realizzazione di progetti volti ad aumentare la produzione di beni e servizi, è regolato dagli *artt. 3* e *4* del trattato istitutivo. Giuliano ne fornisce una

---

[42] GIULIANO, *op. cit.*, pag. 68.

breve analisi che risulta interessante per comprendere le regole alla base dei finanziamenti. In primo luogo, la Banca concede la sovvenzione solo se il mercato internazionale di capitali «non offra altre possibilità di ottenere il prestito a condizioni ragionevoli» e a condizione che il progetto o programma sia tecnicamente ed economicamente valido; poi, la Banca considera fondamentali le possibilità del beneficiario di far fronte agli impegni scaturenti dal prestito; il Paese si impegna, e la Banca si assicura, affinché i ricavi di qualsiasi prestito siano usati solo per i fini per i quali è Stato concesso il prestito; il prestito concesso viene girato, infine, su un conto aperto a nome del beneficiario che ne può disporre solo per effettuare le spese relative al progetto finanziato.

Negli anni Cinquanta ci si rese conto che le condizioni e i tassi d'interesse applicati dalla IBRD, che nel raccogliere la maggior parte dei suoi mezzi finanziari sul mercato dei capitali praticava condizioni simili a quelle commerciali, fossero troppo onerose per i Paesi in via di sviluppo; inoltre i prestiti erano gravati dalla cosiddetta «clausola di esigibilità», che impegnava i Paesi contraenti a dare assoluta priorità alla restituzione dei prestiti ricevuti dalla Banca. Ciò portò alla creazione dell'IDA, nel 1960, con il mandato di fornire ai suoi membri a basso reddito «crediti» (a proposito, la IBRD parla sempre di «prestiti») con la possibilità di lunghe dilazioni per restituire il capitale: il periodo di ammortamento è di trentacinque-quaranta anni (con una mora di 10 anni); l'interesse è nullo, salvo i costi amministrativi dei crediti (equivalenti a un tasso pari a meno dell'1% annuale)[43]. Pur se distinta formalmente dalla IBRD, come si diceva prima, essa è diretta e amministrata dallo stesso personale.

---

[43] Le forme e le condizioni di finanziamento sono disciplinate dall'*art. V, sez. 1*, degli «*General Conditions to the Development Credits Agreements*», pubblicati dall'IDA nel 1974.

L'IDA, dunque, integra le attività della IBRD dirette a promuovere lo sviluppo economico e ad elevare il tenore di vita nei Paesi che partecipano all'Associazione e che, inoltre, non sono in grado di accettare le condizioni offerte dall'IBRD[44]. I crediti dell'IDA (che rappresentano circa il 25% dei finanziamenti di tutto il Gruppo della Banca Mondiale) vengono erogati attraverso un Fondo formato sia dai contributi dei Paesi più ricchi (o mediante donazioni su base triennale o mediante contributi speciali) e sia dai trasferimenti di una parte degli utili della IBRD. Le condizioni affinché i Paesi in via di sviluppo possano accedere ai finanziamenti sono le stesse della IBRD salvo alcune particolarità: in primo luogo essa, per prassi, concede crediti solo a Stati e non a soggetti di diritto interno (nonostante sia una possibilità prevista dagli *art. V sez. c* e *d* degli *Agreements*), per cui non si pone la questione della garanzia dei prestiti, come invece avviene per la IBRD; in secondo luogo è molto sviluppata, come ha rivelato Marchisio[45], «la prassi del cofinanziamento multibilaterale, secondo la quale l'IDA e lo Stato beneficiario associano, alla realizzazione di un progetto ed al suo finanziamento, un terzo soggetto (in genere più uno Stato che un'organizzazione intergovernativa) in conformità di modalità convenute in accordi specifici»[46].

---

[44] Per l'anno 2003 potevano accedere ai finanziamenti, a titolo d'esempio, i Paesi con un reddito annuale pro capite inferiore a 875 dollari.
[45] *Op. cit.*, pag. 1556.
[46] Oltre al problema della maggiore condizionalità di questo genere di aiuti per ragioni di politiche nazionali e di «ritorno economico» dei Paesi finanziatori (come nel caso di progetti per la cui esecuzione sono ammesse solo società del Paese cofinanziatore), accenniamo soltanto al parere di GIULIANO, *op. cit.*, pag. 78, secondo il quale «il contributo dato dall'Associazione allo sviluppo dei Paesi più poveri è stato indubbiamente inferiore ai loro bisogni. La diminuzione (...)» nel corso degli anni «(...) delle risorse dell'Associazione ha anzi avuto per conseguenza che alcuni progetti, che essa aveva deciso di finanziare, dovessero finire con l'essere finanziati direttamente dalla Banca» (ossia la IBRD).

I progetti finanziati dalla IBRD e dall'IDA seguono, infine, un iter istruttorio standard. Nella fase preliminare di inchiesta, in stretta collaborazione con i governi dei Paesi beneficiari, vengono valutati tutti i requisiti tecnici, finanziari ed economici necessari per raggiungere gli obiettivi (fissati in un piano strategico nazionale o regionale); l'istituto valuta, in base ad analisi economiche e settoriali, il potenziale di sviluppo di ciascun intervento in ciascun Paese o regione e le capacità creditizie del Paese beneficiario. Questa analisi, che fornisce un quadro generale d'intervento, predispone l'invio di una missione. Questa, a sua volta, raccoglie gli elementi che serviranno a preparare il rapporto di valutazione (*appraisal report*) ovvero un documento sulla cui base l'operazione di credito verrà negoziata con i rappresentanti del Paese beneficiario e presentata al Comitato Esecutivo per l'approvazione. Dopo la firma di un accordo con lo Stato Beneficiario ed apposite gare d'appalto, il progetto potrà essere eseguito.

Dall'identificazione di un progetto alla sua approvazione, passando per le fasi di preparazione e valutazione ed il negoziato con il beneficiario, possono intercorrere due-tre anni; la fase di esecuzione si protrae in media per cinque-otto anni. Fondamentale risulta essere la supervisione dell'esecuzione, che può avvenire attraverso regolari rapporti periodici delle istituzioni del Paese beneficiario e/o attraverso missioni e riunioni dei funzionari impegnati nella realizzazione del progetto. La fase di esecuzione e controllo si conclude con la redazione del «*project completion report*» (relazione sugli esiti del progetto che valuta obiettivi originari con quelli effettivamente raggiunti ed eventuali insuccessi) e dell'«*audit memorandum*» (procedura di valutazione dei risultati che calcola i tassi di rendimento del progetto in base ad un'analisi costi/benefici). Questi, insieme, costituiscono il cosiddetto «*project performance audit report*», una relazione conclusiva trasmessa al Paese beneficiario del credito, ai membri del Comitato dei Direttori Esecutivi, ad eventuali cofinanziatori e, infine, alle società o imprese che abbiano prestato la loro opera nel progetto.

5. Cenni sulle norme generali relative alle gare d'appalto di servizi finanziati dal Gruppo della Banca Mondiale.

L'esecuzione di un progetto di sviluppo finanziato dal Gruppo della Banca Mondiale (per servizi di consulenza, forniture di materiali o lavori), comporta diverse opportunità per società e aziende interessate e competenti. L'assistenza tecnica, più nello specifico, che può essere preliminare (progettazioni o studi di fattibilità) o complementare (direzione dei lavori) all'esecuzione di lavori oppure essere a sé stante (studi settoriali o ricerche), consiste nella fornitura di *servizi di consulenza*, dopo l'aggiudicazione di una specifica gara d'appalto, da parte di una società, di un ufficio studi, etc.[47]
. In genere i *servizi* da fornire riguardano studi di fattibilità (economica, ambientale, sociale, etc.), progettazioni e design, ricerche dettagliate, ingegneria di base o di dettaglio, assistenza tecnica ad aziende locali per la redazione dei documenti di partecipazione alle gare d'appalto, direzione dell'esecuzione di opere, rafforzamento delle capacità gestionali delle istituzioni locali, e così via.

Il Gruppo della Banca Mondiale ha il dovere di imporre, per statuto, mediante apposite clausole contenute nell'accordo di concessione del credito al Paese beneficiario, le proprie procedure per le gare d'appalto di servizi; tali norme sono racchiuse in un documento, ossia il «*Regolamento per l'acquisto di beni e servizi finanziati dall'IBRD e dall'IDA*»[48]. Queste

---

[47] Questo conferma quanto precedentemente affermato (v. *infra*, par. 4, pagg. 19-20) circa la stretta correlazione fra cooperazione finanziaria e tecnica in molti progetti di sviluppo della Banca mondiale.
[48] Gli aspetti generali di tale normativa sono riportati in *Manuale della cooperazione*

disposizioni prevedono, innanzitutto, diversi sistemi di aggiudicazione degli appalti di servizi; quelli prevalenti sono le gare locali (le quali, di importi finanziari ridotti, sono aperte in linea di massima anche alla partecipazione di società straniere) e le gare internazionali. Per quanto riguarda queste ultime, è importante sottolinearne alcuni aspetti, sia generali che specifici: tutte le società appartenenti ad un Paese azionista del Gruppo della Banca Mondiale possono partecipare alle gare indette sui prestiti e i crediti di IBRD e IDA «purché rispondano ai requisiti di volta in volta specificati nel bando di gara» (le cosiddette «clausole dell'ammissibilità»); i bandi di gara e le informazioni relative a progetti in essere o a venire sono reperibili su *Development Business* (v. *infra*, par. 4a); l'istituto ha l'obbligo, nei confronti dei propri azionisti nonché dei beneficiari dei prestiti, «di assicurare l'efficiente utilizzo delle proprie risorse e, conseguentemente, l'applicazione delle procedure di gara contenute nel Regolamento»; qualsiasi protesta deve essere diretta al Paese beneficiario con dovere di informare anche l'istituto affinché possa intervenire in caso di infrazione; i pagamenti sono quasi sempre effettuati dall'istituto stesso «o direttamente (con un bonifico tramite una banca del Paese beneficiario) o indirettamente (rimborsando una banca del Paese beneficiario presso la quale l'ente appaltante avrà aperto una lettera di credito)»; per i contratti relativi ai servizi di consulenza che implicano particolari difficoltà tecniche o tecnologie specifiche, la procedura d'appalto viene comunemente preceduta da una sorta di «pre-qualifica» (la cosiddetta *short listing*)[49]; in ultimo, è in funzione presso gli uffici degli organi del Gruppo della Banca Mondiale un archivio (chiamato *DACON - DAta on CONsultants*, utilizzato per

---

internazionale (ICEPS 1988, pagg. 22-27), cui si riferiscono le citazioni del presente paragrafo.
[49] I beneficiari dei crediti del Gruppo della Banca Mondiale scelgono in questo modo le società da ammettere alla gara vera e propria.

semplificare notevolmente le procedure di pre-selezione soprattutto, ad esempio, per gli appalti con dotazioni finanziarie ridotte), presso il quale ciascuna società di consulenza può registrarsi.

Un approfondimento risulta necessario, infine, per quanto riguarda le fonti di informazione per le società pubblicate sul *Development Business*. Nell'ordine: il *Monthly Operational Summary* (bollettino mensile che riporta brevi indicazioni sul contenuto e sullo stato di avanzamento dei progetti dalla loro identificazione fino all'approvazione); le *General Procurement Notices* (pubblicate nell'imminenza dell'approvazione di progetti da parte del Comitato dei Direttori Esecutivi, descrivono per linee generali ogni progetto e le sue caratteristiche principali, specificano i requisiti e se è prevista una pre-qualifica, indicano l'ente committente ed eventuali recapiti cui chiedere maggiori informazioni); i *Technical Data Sheet* (che forniscono, immediatamente dopo l'approvazione dei progetti, informazioni tecniche ancor più precise circa i servizi richiesti e l'ente beneficiario); infine le *Procurement Notices* (ossia il bando di gara vero e proprio, che descrive in maggior dettaglio il servizio da fornire, le modalità di acquisizione dei documenti di gara ed i termini di presentazione delle offerte).

CAPITOLO SECONDO

LA COOPERAZIONE FINANZIARIA E TECNICA DELLA COMUNITÀ EUROPEA CON I PAESI A.C.P.

1. Origini e basi giuridiche della cooperazione allo sviluppo europea. 2. Le prime forme della cooperazione finanziaria e tecnica. 3. Le quattro Convenzioni di Lomé. 4. La cooperazione finanziaria «stricto sensu»: la disciplina inerente ai progetti di sviluppo in base al dettato di Lomé. 5. Le modifiche apportate dall'Accordo di Cotonou. 6. Gli agenti incaricati della gestione della cooperazione per il finanziamento allo sviluppo e il «ciclo del progetto». 7. La cooperazione tecnica.

1. Origini e basi giuridiche della cooperazione allo sviluppo europea.

Le Nazioni Unite non costituiscono il solo quadro giuridico ed istituzionale nel quale risulta organizzata una cooperazione internazionale allo sviluppo. In quest'ambito assume una rilevanza fondamentale il ruolo dell'Unione Europea che, attualmente, è tra i principali partner dei Paesi in via di sviluppo in termini di aiuti, scambi commerciali ed investimenti.

La cooperazione allo sviluppo europea ha origine nell'associazione dei *PTOM* (Paesi e Territori d'OltreMare») alla Comunità nel 1957[96]. Un gran numero di questi Paesi ottenne l'indipendenza durante il decennio successivo e il proseguimento della cooperazione assunse la forma delle due successive convenzioni di Yaoundé (1963 e 1969)[97]. Il contesto

---

[96] Più specificamente, si trattava dei Paesi che all'epoca si trovavano ancora sottoposti alla dominazione, in quanto colonie o aree sotto amministrazione fiduciaria, di Francia, Belgio, Italia ed Olanda.
[97] Una spinta determinante fu data soprattutto dalla Francia, che aveva mantenuto, con molti Paesi ex-colonie, una serie di rapporti economici e finanziari ai quali

internazionale dell'inizio degli anni Settanta causò una profonda riorganizzazione della politica di sviluppo comunitaria. Il processo di decolonizzazione e l'adesione alla Comunità della Gran Bretagna resero necessario, inoltre, concepire un quadro di cooperazione più adeguato e con un numero maggiore di controparti[98]. Tale riorientamento si tradusse nella firma della prima convenzione di Lomé (1975) con quarantasei Paesi ACP.

È durante gli anni Settanta e Ottanta che, inoltre, si consolidò il rapporto di cooperazione coi Paesi del Maghreb e del Mashrek e che la CEE avviò un processo di partenariato con i Paesi dell'Asia e dell'America latina. Negli anni Novanta, infine, si è istaurato anche uno stretto rapporto con la maggior parte dei Paesi europei ed asiatici ex-socialisti; tale processo, nella primavera del 2004, ha portato direttamente all'adesione all'Unione di otto Stati dell'Est europeo.

Per quanto concerne i fondamenti giuridici, nessuna disposizione del Trattato di Roma prevedeva espressamente l'instaurazione di una politica comune volta alla promozione dello sviluppo nei Paesi e nelle aree arretrate. Le uniche norme ricollegabili al settore in questione erano comprese negli *artt. 131-136*, i quali, nel definire un particolare regime d'aiuto per i Paesi e le aree non europee che godevano di «relazioni particolari» (colonie) con alcuni Stati membri, davano l'opportunità di creare un'associazione che promuovesse il miglioramento delle loro condizioni economiche e sociali. Tali disposizioni rispondevano ad uno degli obiettivi della Comunità, indicato nell'*art.3 lett. r)*, ossia quello di trovare necessariamente una

---

voleva dare una «sistemazione» istituzionale nell'ambito dei nuovi impegni comunitari. Questa esigenza era peraltro sentita anche da altri partner europei, che ben volentieri accettavano di consolidare i precedenti rapporti.

[98] Il trattato d'adesione del Regno Unito, nel 1972, prevedeva formalmente l'apertura di negoziati tra i Paesi del Commonwealth (associazione fra ex colonie, *dominions* e Regno Unito creata nel 1926) e la CEE.

soluzione che rendesse compatibile il mercato comune con le relazioni bilaterali fra i Paesi membri e quelli d'oltremare.

Solo con il Trattato di Maastricht (o Trattato sull'Unione Europea, TUE), però, l'azione della Comunità europea verso i Paesi poveri, fondata sugli aspetti commerciali, sul perseguimento della stabilità e della democrazia liberale e sugli aiuti finanziari e di assistenza tecnica, ha conosciuto una più precisa ed articolata definizione. In esso è stato inserito il *Titolo XVII* (*XX* in base alla numerazione introdotta dal Trattato di Amsterdam), esclusivamente dedicato alla «*Cooperazione allo Sviluppo*», che comprende gli articoli da *130u* a *130y* (*177-181*)[99]. Il TUE non solo ha inserito nel corpo dei fondamenti giuridici la «cooperazione allo sviluppo» (costituzionalizzandone i relativi principi, contenuti ed obiettivi), ma ha anche aggiunto nuovi obblighi a carico della Comunità e dei suoi Stati membri. L'inclusione delle disposizioni relative alla politica di sviluppo nel TUE assume, quindi, una forte rilevanza in quanto le viene conferita la dimensione di una politica comunitaria a tutti gli effetti. È significativo, inoltre, che le istituzioni comunitarie abbiano stabilito, pur nell'assenza di

---

[99] La rilevanza di queste disposizioni è capitale. L'*art. 130u*, oltre a ribadire i fini della politica di cooperazione comunitaria, afferma che «la Comunità e gli Stati membri rispettano gli impegni e tengono conto degli obiettivi riconosciuti nel quadro delle Nazioni Unite e delle altre organizzazioni internazionali competenti»; *l'art. 130v* stabilisce che la Comunità deve tener conto degli obiettivi di sviluppo nelle politiche che potrebbero avere un'incidenza sui Paesi in via di sviluppo; *l'art. 130w* prevede che «(...) il Consiglio (...) adotta le misure necessarie al conseguimento degli obiettivi di cui all'articolo 130u. Tali misure possono assumere la forma di programmi pluriennali (...)»; l'*art. 130x* dispone che «la Comunità e gli Stati membri coordinano le rispettive politiche in materia di cooperazione allo sviluppo e si concertano sui rispettivi programmi di aiuto, anche nelle organizzazioni internazionali e in occasione di conferenze internazionali (...)»); infine, l'*art. 130y* afferma che «nell'ambito delle rispettive competenze, la Comunità e gli Stati membri collaborano con i Paesi terzi e con le competenti organizzazioni internazionali. Le modalità della cooperazione della Comunità possono formare oggetto di accordi e negoziati (...)».

una compiuta «unità politica», il principio del coordinamento tra le politiche di cooperazione degli Stati membri, quello della coerenza tra l'azione per lo sviluppo e le altre politiche comunitarie ed, infine, la complementarità delle attività degli Stati membri e quelle della Comunità[100]. In questo senso, il TUE delinea un unico sistema europeo di cooperazione allo sviluppo, pluralistico ma fortemente coordinato, in grado di costituire una concreta espressione di un nuovo (ma ancora indefinito) ruolo politico dell'Unione nel contesto internazionale[101].

Per quanto riguarda, infine, i dispositivi finanziari, il bilancio comunitario è lo strumento generale; in tal caso gli aiuti economici si inseriscono in un approccio geografico (bacino del Mediterraneo, Asia e America latina, dove l'aiuto avviene principalmente sotto forma di prestiti a fondo perduto per azioni di cooperazione tecnica ed economica) ed in un approccio settoriale

---

[100] Si vedano a tal proposito: la Comunicazione del Consiglio, del 9 marzo 1998, relativa agli orientamenti per rafforzare il coordinamento operativo tra la Comunità e gli Stati membri nel campo della cooperazione allo sviluppo (in *Gazzetta ufficiale delle Comunità Europee C 97 del 31 marzo 1998*); la Comunicazione della Commissione, del 6 maggio 1999, sulla complementarità delle politiche della Comunità e degli Stati membri nel settore della cooperazione allo sviluppo (non pubblicata nella Gazzetta Ufficiale ma reperibile sul sito Internet *http://europa.eu.int/pol/dev/index_it.htm*).

[101] La politica di sviluppo e cooperazione dell'Unione europea è anche disciplinata, in seno al TUE, da altri tre articoli. Il *238* (*310* in base alla nuova numerazione del Trattato di Amsterdam), che stabilisce la competenza comunitaria a concludere accordi di associazione caratterizzati «da diritti ed obblighi reciproci, da azioni in comune e da procedure particolari» (vi rientra dunque l'Accordo di Cotonou). Il *113* (*133*), che riconosce alla Comunità competenza in ambito tariffario e commerciale («la politica commerciale comune è fondata su principi uniformi, specialmente per quanto concerne (...) la conclusione di accordi tariffari e commerciali (...)»); l'ampia interpretazione di tale articolo permette di ricondurvi lo strumento del *SPG* (Sistema delle Preferenze Generalizzate) e gli accordi di cooperazione commerciale e tariffaria. Il *235* (*308*), la cosiddetta «disposizione sui poteri impliciti», che apre alla Comunità la possibilità di realizzare azioni in settori quali il soccorso alimentare, l'aiuto umanitario e la lotta contro l'AIDS; l'articolo prevede espressamente la possibilità di effettuare interventi che risultino necessari «per raggiungere (...) uno degli scopi della Comunità», pur in assenza dei «poteri d'azione a tal uopo richiesti».

(soccorso alimentare, aiuto umanitario ed ambientale, etc.). Oltre al bilancio, esistono due strumenti finanziari più specifici: il Fondo europeo di sviluppo (FES, che riguarda essenzialmente la cooperazione con i Paesi ACP) e la Banca europea per gli investimenti (BEI, che concede prestiti nel quadro delle proprie attività esterne).

2. Le prime forme della cooperazione finanziaria e tecnica.
Tenendo presente la già accennata complementarità delle cooperazioni finanziaria e tecnica nel sistema comunitario (v. Cap. I, par. 4, pagg. 19-20), l'obiettivo di questo e del successivo paragrafo è quello di presentarne sinteticamente gli aspetti generali (dalle origini all'ultima delle Convenzione di Lomé), accennando anche a settori loro connessi (come la cooperazione commerciale). Nel paragrafo n° 4, dal canto suo, verrà trattata più specificamente la struttura della cooperazione finanziaria «in senso stretto» (ossia riferita unicamente al finanziamento di progetti o programmi di sviluppo, all'interno dei quali si attua la cooperazione tecnica), sulla base delle norme della Convenzione di Lomé IV; i successivi due paragrafi (5° e 6°) saranno poi dedicati alle evoluzioni del settore sancite dall'Accordo di Cotonou. Infine, dedicheremo il 7° paragrafo esclusivamente alla cooperazione tecnica, necessario approfondimento preliminare al Capitolo III, dedicato a sua volta allo studio della disciplina relativa alle gare d'appalto di servizi (anello di congiunzione tra la fase di preparazione di un progetto di assistenza tecnica e la sua realizzazione).
La cooperazione tra i Paesi dell'Africa sub-sahariana, dei Caraibi e del Pacifico e la Comunità europea risale, come già accennato, alla concezione stessa della CE e ha da sempre rappresentato un aspetto particolarmente importante della politica di sviluppo comunitaria e delle sue relazioni esterne in generale. L'aiuto finanziario e tecnico verso questi Paesi si rifà

alla Convenzione d'applicazione annessa al Trattato di Roma del 1957 e relativa all'associazione dei PTOM. È su questa Convenzione (che per la prima volta specificò i principi fondamentali della politica di sviluppo europea) che si basano le successive evoluzioni: dalle due Convenzioni di Yaoundé concluse con i *SAMA* (Stati Africani e Malgascio Associati) alle quattro Convenzioni di Lomé con i Paesi ACP e fino all'Accordo di Cotonou[102]. La caratteristica principale di tale evoluzione, come si vedrà più dettagliatamente, è un costante aumento dei finanziamenti sia sul piano quantitativo (ossia delle somme messe a disposizione degli Stati interessati) che su quello qualitativo (ossia di forme e metodi dei trasferimenti).

La *Convenzione d'applicazione annessa al Trattato CEE*, conclusa fra i soli membri della Comunità (i PTOM non erano ancora divenuti indipendenti), si caratterizzò innanzitutto per essere una forma d'aiuto «concessa» a Paesi e territori ancora fortemente arretrati. Essa prevedeva forme di finanziamento, quasi esclusivamente sovvenzioni, per investimenti infrastrutturali in ambito economico e sociale (vie di comunicazione in primis), cui dovevano partecipare tutti i membri della CEE. Strumento unico dei finanziamenti di tutti i progetti era un fondo speciale, previsto dalla Convenzione, chiamato «*Fondo di sviluppo per i Paesi e territori d'oltremare*». Questo primo «Fondo Europeo di Sviluppo» (FES I), dotato di un volume di crediti di circa 600 milioni di *ECU*[103], inaugurò le sue operazioni nel 1959 e la sua durata fu fissata in cinque anni[104]. La prima

---

[102] FEUER, CASSAN, in *Droit international du développement*, 1991, pag. 418, affermano che «(...) il n'y a pas de solution de continuité entre les diverses étapes de l'évolution, chacune reposant en partie sur celle qui la précède (...)».

[103] L'ECU, «European Currency Unit» (unità di conto europea), era una valuta-paniere il cui valore era definito dalla media dei valori delle monete dei Paesi della CEE, ponderate per tener conto del peso delle relative economie nazionali in ambito europeo.

[104] I vari FES (dal I fino all'odierno IX), pur essendo disciplinati da atti normativi comunitari (regolamenti), non fanno parte del bilancio comunitario generale (non

esperienza del Fondo non fu però esente da critiche: si contestavano l'intervento operativo limitato, le procedure lente e complesse, le limitate possibilità di partecipazione alle decisioni per i governi dei Paesi beneficiari e la preferenza al finanziamento di iniziative spettacolari nel campo delle infrastrutture (a tal proposito si rimanda a quanto detto nel Cap. I, par. 1, circa il «*modello di Rostow*»).

Tra il 1958 e il 1962 la gran parte dei Paesi associati ottenne l'indipendenza e, nonostante i limiti rilevati, si decise di rafforzare il rapporto firmando nel 1963, sotto l'etichetta di SAMA, la *Convenzione di Yaoundé I* (per la durata di cinque anni)[105]. La Convenzione, cui corrispose il FES II, introdusse un nuovo strumento d'aiuto finanziario: la possibilità data alla *BEI* (Banca Europea degli Investimenti) d'intervenire, nel quadro delle proprie attività, a favore di tali Paesi[106]. Il FES II, aumentato ad 800 milioni di ECU, doveva essere utilizzato soprattutto per azioni a favore dello sviluppo rurale

---

sottostanno, così, al principio di bilancio dell'«annualità»), ma sono finanziati dagli Stati membri (in base sia al rispettivo PIL che ai passati legami coloniali), dopo accordi stabiliti in sede di Consiglio dei Ministri e ratificati dai parlamenti nazionali. Essi dispongono di regole finanziarie proprie e sono diretti da un Ordinatore (v. *infra*, par. 6, pagg. 66-67); ad ogni FES corrisponde un «Regolamento finanziario» (in cui si descrivono le disposizioni finanziarie) ed un «Accordo interno» (relativo alla gestione degli aiuti). Ciascun FES segue in generale il ciclo degli accordi di partenariato (e loro revisioni), ossia è concluso per un periodo di cinque anni. Trattandosi di fondi speciali, infine, non è stata mai fissata alcuna scadenza per la realizzazione delle azioni (ecco perché alcuni progetti, finanziati in base alle risorse del VII e VIII FES, non sono, all'oggi, ancora chiusi).
[105] Si passò così dall'associazione concessa a quella «negoziata». Per i PTOM non ancora indipendenti, invece, il Consiglio dei Ministri CEE decise di rinnovare il regime precedente sia nel 1964 (dopo la firma di Yaoundé I) che nel 1969 (dopo Yaoundé II).
[106] La BEI fu istituita nel 1957 grazie ad un Protocollo allegato al Trattato CEE. Essa, disponendo di un proprio capitale sottoscritto fin dall'inizio dai Paesi membri e periodicamente aumentato, ha come scopo principale quello di contribuire allo sviluppo equilibrato della Comunità, in particolare finanziando iniziative economiche tese a livellare il divario tra regioni o settori produttivi. Non ha fini di lucro e può concedere prestiti a governi e privati.

(sostegno alla produzione e alla diversificazione delle colture) e per le azioni di assistenza tecnica; gli aiuti erano per la maggior parte non rimborsabili (600 milioni circa) e per una minima parte (100 milioni circa) erano dei prestiti a condizioni speciali. La BEI, che fino a quel momento aveva riservato le sue attività ai soli membri della CEE, ebbe l'autorizzazione a consentire ai SAMA dei prestiti a condizioni normali (ossia quelli da essa praticati al momento del prestito) per progetti di immediata redditività. Sotto il profilo istituzionale furono creati organismi volti ad assicurare la concertazione CEE-Stati associati sulle varie decisioni[107]
. In complesso, il bilancio della Convenzione era certamente più positivo rispetto al primo quinquennio grazie alla minore macchinosità delle procedure ed all'attenuazione di alcune disparità tra i Paesi nell'assegnazione degli aiuti.

Nel 1969, arrivata alla fine del quinquennio, Yaoundé I fu sostituita da una seconda Convenzione d'associazione (*Yaoundé II*). La sostanza dei rapporti non cambiava molto. I mezzi a disposizione del Fondo (il FES III) furono aumentati a 900 milioni di ECU (più 100 milioni della BEI); infine, furono istituiti aiuti eccezionali alla cooperazione commerciale a titolo compensativo (a causa delle fluttuazioni dei proventi d'esportazione) e fu

---

[107] Il quadro istituzionale previsto dalla Convenzione di Yaoundé (in base al principio della «cogestione dell'assistenza finanziaria», ossia l'istituzione di organi specifici incaricati della realizzazione quotidiana della cooperazione dal punto di vista amministrativo e finanziario), era il seguente: *Consiglio dei Ministri* (composto dai membri del Consiglio della CEE nonché da un membro del governo di ogni Stato associato; definiva gli orientamenti e valutava i risultati ottenuti); *Comitato degli Ambasciatori* (cui il Consiglio dei Ministri poteva delegare parte delle sue competenze); *Assemblea consultiva* (formata, su base paritetica, per la Comunità da membri del Parlamento Europeo e per i Paesi associati da rappresentanti da essi designati; essa esprimeva pareri ed adottava risoluzioni sulle materie coperte dalla Convenzione). Tale struttura, salvo alcune minime modifiche, è stata confermata via via anche dalle successive Convenzioni di Lomé e Cotonou. Per quanto riguarda la cooperazione finanziaria e tecnica comunitaria, si rimanda, per lo studio degli organi specifici responsabili della sua attuazione, al par. 6, *infra*, pagg. 64 ss.

confermato il finanziamento di programmi e progetti nei settori economico e sociale.

3. Le quattro Convenzioni di Lomé.

Nel 1975, dopo laboriosi negoziati, si giunse alla firma della *Convenzione di Lomé I* tra i nove Paesi della CEE e quarantasei Paesi ACP[108]. Le disposizioni della prima Convenzione di Lomé rispondevano in parte alle rivendicazioni dei Paesi in via di sviluppo circa l'instaurazione di un Nuovo Ordine Economico Internazionale e contenevano il principio fondamentale dell'uguaglianza dei contraenti. I settori d'intervento erano essenzialmente tre: cooperazione commerciale, stabilizzazione dei proventi di esportazione (meccanismo originale prospettato in sede UNCTAD) ed infine cooperazione industriale, finanziaria e tecnica. Per la cooperazione commerciale (*artt. 1-15*), componente essenziale della cooperazione tra la Comunità e gli Stati ACP, venivano sancite la non reciprocità degli obblighi e la rinuncia, da parte della Comunità, al trattamento preferenziale dei suoi prodotti richiesto in passato (con applicazione della sola clausola della nazione più favorita). Con la nuova Convenzione veniva inoltre assicurato il libero accesso nei mercati della CEE ai prodotti originari dei Paesi ACP. Venne creato lo STABEX (*artt. 12-25*), un dispositivo per rendere più stabili e sicuri i flussi e i proventi delle esportazioni di determinati prodotti, che funzionava in base ad un meccanismo a due soglie (*art. 17*): «soglia di

---

[108] GUIZZI, in *Manuale di diritto e politica dell'Unione Europea*, 2003, pag. 451, riporta che a Georgetown, nel 1975, i 46 Stati che partecipavano alle negoziazioni per concludere l'accordo di Lomé istituirono formalmente il «Gruppo degli Stati d'Africa, dei Caraibi e del Pacifico, denominato Gruppo ACP». L'accordo di Georgetown detta le regole di cooperazione tra i Paesi dei tre continenti e prevede la seguente struttura organizzativa: un segretariato generale, un comitato degli ambasciatori, un consiglio dei ministri, i summit fra i capi di Stato e di governo e le riunioni dei parlamentari dei Paesi ACP che fanno parte dell'Assemblea consultiva paritetica.

dipendenza» (le esportazioni di un prodotto inserito nella lista STABEX dovevano rappresentare almeno il 7,5% del totale delle esportazioni di quel Paese nell'anno precedente); e «soglia di intervento» (i proventi di esportazione di un prodotto dovevano essere diminuiti almeno del 7,5% rispetto alla media dei quatto anni precedenti). Al verificarsi di queste condizioni, era prevista l'integrazione della perdita[109]. Inoltre, una delle maggiori innovazioni di Lomé I fu rappresentata dall'importanza data al tema della cooperazione industriale, cui vennero dedicati gli *artt. 26-39*. Le disposizioni coprivano una vasta gamma di settori: sviluppo delle infrastrutture connesse con la industrializzazione come trasporti ed energia (*art. 27*); formazione e ricerca industriale (*art. 30*); aiuti speciali a favore delle piccole e medie imprese (*art 32*); azioni d'informazione, promozione e studi di fattibilità industriali (*art. 33*), etc. La cooperazione finanziaria e tecnica (*artt. 40-61* e «*Protocollo n°2 sull'applicazione della cooperazione finanziaria e tecnica*») poteva essere considerata un mezzo di attuazione di quella industriale; era nelle parti loro dedicate, infatti, che venivano specificati i mezzi finanziari a disposizione degli Stati ACP e le procedure di gestione di tali aiuti. L'aiuto finanziario disciplinato da Lomé I obbediva a due principi fondamentali: da una parte la conferma degli aspetti qualitativi, introdotti da Yaoundé I e II, dell'aiuto comunitario (sovvenzioni, soprattutto, e prestiti), dall'altra il trattamento paritario di tutti i Paesi ACP (sulla base dei rispettivi bisogni socio-economici e delle risorse nazionali).

Lomé I fu sostituita, per il quinquennio 1980-1985, dalla *Convenzione di Lomé II*, che allargò il numero dei Paesi associati (da quarantasei a cinquantotto). Per la cooperazione commerciale (*artt. 1-22*), si confermava

---

[109] L'ammontare di tali integrazioni costituiva una rubrica precisa del FES (IV), i cui mezzi finanziari totali (finanziamento di programmi e progetti, STABEX, prestiti della BEI) raggiunsero con Lomé I la cifra totale di circa 3,5 miliardi di ECU.

il principio della non reciprocità. Si rafforzava il sistema STABEX con la crescita dei mezzi finanziari[110], l'estensione dei prodotti interessati e il miglioramento delle due soglie (sia quella di dipendenza che quella di intervento scendevano dal 7,5% al 6,5%). Venne inserito, inoltre, un meccanismo di stabilizzazione relativo esclusivamente ai prodotti minerari (il SYSMIN). Questo nuovo sistema, pur perseguendo gli stessi obiettivi dello STABEX, presentava una diversa impostazione. Se il meccanismo di tipo assicurativo interveniva quando scattavano contemporaneamente una soglia di dipendenza (pari al 15% del totale delle esportazioni del Paese) e una d'intervento (riduzione della capacità di produzione o di esportazione o una caduta delle entrate pari al 10%), il verificarsi di tali condizioni originava non un trasferimento finanziario, come per lo STABEX, ma bensì un finanziamento (rimborsabile in 40 anni) di progetti e programmi di investimento nel settore minerario. Per quanto riguarda la cooperazione finanziaria e tecnica, la Convenzione di Lomé II conteneva una serie di norme che confermavano ed ampliavano quelle del precedente accordo, soprattutto in relazione alle disposizioni concernenti la programmazione degli interventi.

La *Convenzione di Lomé III* (per il quinquennio 1985-1989) predispose una maggiore dotazione finanziaria, ammontante a 7,5 miliardi di ECU imputabili al VI FES, ai quali si aggiungevano i prestiti della BEI per circa 1 miliardo di ECU. Le maggiori innovazioni, oltre ad un aumento dei Paesi aderenti sia da parte CEE (da nove a dieci) sia da parte ACP (da cinquantotto a sessantacinque), toccarono diversi settori. Per il SYSMIN e lo STABEX diminuirono le soglie di dipendenza e di intervento. Il capitolo sugli investimenti includeva alcune dichiarazioni di principio e di impegni

---

[110] In totale l'ammontare del FES (V) arrivò alla cifra di circa 4,5 miliardi di ECU.

inediti nel contesto dei negoziati Nord-Sud, quali: il riconoscimento dell'importanza dell'investimento privato; l'impegno congiunto di accordare un trattamento equo agli investitori, incoraggiando o creando delle condizioni chiare e stabili; la nascita e/o il rafforzamento di istituti di finanziamento nazionali per l'esportazione e le garanzie dei crediti d'esportazione. Venne introdotto, inoltre, un nuovo organo di natura parlamentare, ossia l'Assemblea paritetica (a sostituzione dell'Assemblea consultiva)[111]. La cooperazione finanziaria e tecnica (*artt. 185-239*), oltre ad anticipare quelli che sarebbero divenuti, con Lomé IV, i settori prioritari del rapporto (ossia le modifiche strutturali in campo economico e gli aiuti per il sostegno del debito), razionalizzò sia le norme relative agli strumenti di investimento sia quelle riguardanti la procedura di finanziamento.

Nel 1989 veniva firmata, per il decennio 1990-2000 (non più quindi di durata quinquennale), la *Convenzione di Lomé IV* tra i dodici Stati della CEE e i sessantotto Paesi ACP. I settori disciplinati dalla Convenzione erano molteplici. La cooperazione commerciale prevedeva la necessità di una crescita dei servizi bancari, assicurativi, informatici, turistici, etc. Per quel che concerneva lo STABEX, la dotazione finanziaria del sistema veniva aumentata del 62%; le voci relative ai prodotti coperti dal sistema aumentavano; si miglioravano sia la soglia di intervento che quella di dipendenza (che scattava per i prodotti che rappresentavano il 5% del totale dei proventi da esportazione, rispetto al 6% di Lomé III). Il SYSMIN riceveva un contributo quinquennale del 15% superiore al precedente accordo (circa 500 milioni di ECU rispetto ai circa 400 di Lomé III) mentre le condizioni d'intervento rimanevano pressoché uguali alla precedente

---

[111] Questa, composta in numero uguale da membri del Parlamento europeo e da parlamentari dei Paesi ACP, aveva funzioni principalmente consultive con il fine di promuovere il dialogo a livello politico e sensibilizzare l'opinione pubblica verso i problemi della cooperazione.

Convenzione. Nel titolo (il III) dedicato alla «*Cooperazione per il finanziamento dello sviluppo*» (che aggregava assistenza finanziaria e tecnica) si mettevano in evidenza i principali settori e aree d'intervento cui potevano essere riferiti progetti e programmi[112]. Complessivamente gli stanziamenti previsti, tra FES e BEI, erano pari a circa 12 miliardi di ECU. Una nuova sezione era dedicata, inoltre, al settore privato; si dichiarava la necessità che fosse più dinamico, soprattutto attraverso lo sviluppo delle piccole e medie imprese, che meglio si adattavano alle condizioni di mercato dell'economia degli Stati ACP (*art. 110*); nell'*art. 111* si riconosceva la necessità di utilizzare tutti gli strumenti previsti dalla Convenzione, a cominciare dall'assistenza tecnica, per sostenere lo sviluppo di tale settore attraverso il miglioramento degli aspetti giuridici e fiscali, l'assistenza diretta per l'incremento dell'attività imprenditoriale e per lo sviluppo del risparmio, dell'intermediazione bancaria e delle istituzioni finanziarie. Gli *art. 243-250*, inclusi nel titolo dedicato alla cooperazione per il finanziamento dello sviluppo, erano dedicati alla questione dell'«aggiustamento strutturale». Negli anni Ottanta la situazione economica per molti Paesi ACP era peggiorata, in particolar modo per l'area sub-sahariana, a causa di una fortissima crisi debitoria; nella nuova Convenzione la «politica di aggiustamento strutturale» divenne il nuovo e determinante punto verso cui venivano indirizzati molti Paesi per contrastare l'incapacità produttiva, la scarsa competitività internazionale ed il debito estero. Il problema dell'autosufficienza alimentare passava in secondo piano[113] nel momento in cui venivano intraprese riforme

---

[112] Protezione e conservazione dell'ambiente; agricoltura e sviluppo rurale; industria, artigianato, energia e turismo; infrastrutture economiche e sociali; promozione del marketing e del commercio; promozione della piccola e media impresa e delle imprese regionali; sostegno per programmi di aggiustamento strutturale per contribuire alla riduzione del debito; etc.

economiche che, secondo le prescrizioni delle *IFI* (Istituzioni Finanziarie Internazionali), prevedevano tagli alla spesa pubblica, abolizione del controllo dei prezzi, svalutazioni e privatizzazioni[114]. Per l'attuazione fu costituito un fondo di circa 1 miliardo di ECU come contributo per la fornitura di assistenza tecnica e per la realizzazione di misure sociali (ad esempio, integrazioni salariali e programmi per l'occupazione). Venivano affermate, infine, le principali misure per evitare un ulteriore aumento del debito e dell'onere degli interessi: tutti i trasferimenti STABEX e gli interventi finanziari SYSMIN divenivano non rimborsabili; i prestiti della BEI divenivano più favorevoli (interesse del 3-6%), così come i prestiti alle singole imprese (interesse massimo del 3%)[115].

4. La cooperazione finanziaria «stricto sensu»: la disciplina inerente ai progetti di sviluppo in base al dettato di Lomé.

La cooperazione finanziaria «in senso stretto», così come considerata da Feuer e Cassan[116], è essenzialmente la *cooperazione per il finanziamento di programmi e progetti* atti a contribuire allo sviluppo economico e sociale dei Paesi beneficiari; in tale nozione vengono esclusi quei dispositivi (comunque rientranti nei FES e nella cooperazione finanziaria in senso lato)

---

[113] Si pensi che il 60% dei finanziamenti di Lomé III furono destinati dai Paesi ACP verso il settore agricolo e della produzione di base.
[114] Gli obiettivi della riforma erano: generare uno sviluppo economico per la crescita del PIL e dell'occupazione; migliorare l'amministrazione del settore pubblico e dare appropriati incentivi al settore privato; incrementare il livello di produttività nei settori chiave dell'economia; migliorare la situazione della bilancia dei pagamenti.
[115] PICONE, LIGUSTRO, in *Diritto dell'Organizzazione Mondiale del Commercio*, 2002, pag. 476, chiariscono che «nel 1995, nel quadro di una revisione parziale «a metà percorso», le Parti hanno rinnovato il Protocollo finanziario e apportato alcuni emendamenti al testo della IV Convenzione, che (...) include settanta Paesi ACP e i quindici membri della Comunità europea». Le modifiche sono conosciute con il nome di *Convenzione di Lomé IV bis*.
[116] *Op. cit.*, pag. 421 ss.

come lo STABEX, il SYSMIN, i capitali di rischio, gli aiuti d'emergenza ed ai profughi, gli aiuti concessi per la riduzione del debito e l'appoggio ai programmi di aggiustamento strutturale. L'importanza e l'«autonomia» di tale settore derivano dal fatto che la maggior parte degli interventi in base alle risorse del FES e della BEI era (ed è), come si evince dai dati forniti nella tab. 1, il finanziamento di forniture di materiali, di progetti e programmi di lavori pubblici e di azioni di cooperazione tecnica legate o a tali investimenti o a vocazione più generale[117].

tab. 1: ESEMPIO DI RIPARTIZIONE DEI PAGAMENTI DEL FES (1999)
TIPO DI INTERVENTO   *IMPORTO (in MEURO)*

TIPO DI INTERVENTO	**IMPORTO (in MEURO)**
Programmi e progetti nazionali e regionali	**732,74**
Strumenti di adeguamento strutturale	261,60
Stabex e Sysmin	73,85
Capitali di rischio	131,47
Aiuti d'emergenza ed ai profughi	50,35

Fonte: *Informazioni finanziarie sui FES*, Comunicazione della Commissione al Consiglio del 16 luglio 2001 (nostra rielaborazione).

In questo paragrafo approfondiremo l'impalcatura della cooperazione finanziaria «in senso stretto» basandoci sulle norme previste dalla Convenzione di Lomé IV, che a sua volta racchiude una più che trentennale evoluzione sotto i profili quantitativo (somme a disposizione e settori interessati) e qualitativo (strumenti di finanziamento). È utile anticipare, inoltre, come l'Accordo di Cotonou abbia sancito, come vedremo più dettagliatamente nei prossimi paragrafi, una decisa evoluzione dei mezzi di

---

[117] È qui che si caratterizza l'interconnessione fra cooperazione finanziaria e tecnica nel sistema comunitario. Per l'analisi delle differenze fra la cooperazione tecnica specifica e quella a vocazione più generale v. *infra*, par. 7.

attuazione e delle procedure di gestione (ma non delle disposizioni generali né dei settori coinvolti).

Innanzitutto, le *disposizioni generali*. La cooperazione per il finanziamento dello sviluppo, che assume la forma di programmi di investimento, progetti settoriali, riabilitazione di precedenti interventi, programmi di cooperazione tecnica e aiuti in sostegno alle comunità base, prevede i seguenti beneficiari: Stati ACP; organismi regionali o interstatali di cui fanno parte uno o più Stati ACP; organismi misti istituiti dalla Comunità e dagli Stati ACP aventi obiettivi specifici nel settore della cooperazione agricola, industriale e commerciale; ed inoltre, in accordo con lo Stato o gli Stati ACP interessati, anche organismi di sviluppo, pubblici o a partecipazione pubblica (in particolare istituzioni finanziarie e banche di sviluppo nazionali o regionali, che attuano il cosiddetto «finanziamento a due livelli»), enti locali e organismi privati che contribuiscono allo sviluppo economico e sociale, imprese costituite in società con uno Stato ACP, associazioni di produttori cittadini degli Stati ACP, borsisti e tirocinanti.

I *settori prioritari* del finanziamento comunitario a programmi e progetti di sviluppo nazionali e regionali sono rappresentati da: sviluppo agricolo-rurale e conservazione delle risorse naturali (lotta alla siccità e alla desertificazione); pesca; industria; energia; commercio e servizi; trasporti e comunicazioni; cooperazione regionale; cultura.

I diversi *strumenti di attuazione* della cooperazione finanziaria «in senso stretto», così come specificati nella Convenzione di Lomé IV, si possono riassumere, infine, in:

- <u>Sovvenzioni</u>: incentivazioni economico-finanziarie consistenti nell'erogazione di aiuti non rimborsabili (doni), utilizzati per progetti a lungo termine soprattutto nei PMA (Paesi Meno Avanzati) tra quelli in via di sviluppo[118].

- Prestiti speciali: con diverse caratteristiche se emessi in base alle risorse del FES o della BEI.
  a. Le condizioni dei prestiti concessi attraverso il FES erano: quaranta anni di durata ed interesse annuo dell'1% (se PMA 0,5%).
  b. Se provenienti dalla BEI: venticinque anni di durata massima e tasso d'interesse reale (quello praticato dalla Banca al momento del finanziamento).
- Cofinanziamenti: «su richiesta dei Paesi ACP, i mezzi di finanziamento della Convenzione possono essere assegnati a dei cofinanziamenti, in particolare con organismi ed istituzioni di sviluppo degli Stati membri della Comunità, degli Stati ACP o di Paesi terzi o con istituzioni finanziarie internazionali o private, imprese, (...)»[119]. Il fine (consentire dotazioni finanziarie più vantaggiose per i Paesi ACP e sostenere il coordinamento della cooperazione internazionale) si riferiva soprattutto a progetti o programmi di grandi dimensioni (soprattutto regionali o interregionali) per i quali era impossibile il finanziamento di un'unica fonte, e progetti o programmi per i quali la diversificazione dei finanziamenti significava una migliore realizzazione (coordinando esperienze ed approcci diversi).
- Microprogetti: per poter beneficiare dei finanziamenti del FES dovevano essere di massima rurali e rispondere ad esigenze reali di sviluppo locale; dovevano essere realizzati con la partecipazione attiva degli enti locali, da cui doveva inoltre pervenire la richiesta; il finanziamento era in linea di massima assicurato per 2/3 dal FES (al

---

[118] Si consideri che nelle varie Convenzioni è sempre previsto un trattamento speciale ed apposite normative sia per i PMA che per i Paesi senza sbocchi sul mare o insulari.
[119] *Art. 251* della Convenzione di Lomé IV.

resto poteva contribuire lo Stato ACP interessato con un contributo finanziario o fornendo attrezzature pubbliche e servizi).
- Finanziamenti alle piccole e medie imprese:
    a. o provenienti dalla BEI, diretti a banche o istituti finanziari che si occupavano di prestiti a favore di piccole e medie imprese industriali, agricole o turistiche;
    b. o dal FES, destinati ad organismi pubblici, cooperative o enti locali impegnati sia nella promozione dello sviluppo in settori come artigianato, commercio, agricoltura sia nella creazione (o nel rafforzamento) di fondi di garanzia e microcredito.

5. Le modifiche apportate dall'Accordo di Cotonou.

Scaduta la Convenzione di Lomé IV e mutato il contesto internazionale (soprattutto in seguito all'istituzione dell'OMC e al sempre più esteso fenomeno di internazionalizzazione delle relazioni economiche e finanziarie), visto il successo limitato del metodo di gestione principale delle preferenze commerciali non reciproche delle Convenzioni passate[120] e la situazione sociale critica di molti Paesi ACP, si è reso necessario negoziare un nuovo accordo.

L'*Accordo di Cotonou*, firmato nel 2000 (di durata ventennale e con clausola di revisione quinquennale), ha introdotto novità significative nel settore degli APS finanziati dalla Comunità Europea ed ha fissato le norme del partenariato tra l'UE ed i Paesi ACP (settantasette[121]) su cinque pilastri:

---

[120] PICONE, LIGUSTRO, *op. cit.*, pag. 481-482, affermano a proposito che «è noto che le preferenze commerciali di Lomé non hanno avuto l'effetto di crescita economica atteso per i Paesi ACP. In venticinque anni di vigenza degli accordi di Lomé (dal 1975 al 2000), (...), la presenza degli Stati ACP nel mercato europeo si è più che dimezzata, passando dall'8 per cento a circa il 3 per cento (...)».
[121] Dal dicembre 2000 i Paesi beneficiari sono divenuti settantotto, con la firma dell'Accordo anche da parte di Cuba.

un dialogo politico permanente, inteso non solo a dare maggiori responsabilità ai Paesi ACP per quanto concerne una gestione trasparente e responsabile degli affari pubblici ma anche a consolidare la prevenzione/risoluzione di crisi e conflitti (ciò per evitare di dover ricorrere alla cosiddetta «*clausola della condizionalità*», introdotta da Lomé IV, ossia alla sospensione della cooperazione in caso di mancato rispetto dei diritti umani, dei principi democratici e dello stato di diritto)[122]; l'approccio partecipativo ed il sostegno al settore privato (finalizzato ad assicurare il coinvolgimento della società civile e degli attori economici e sociali, soprattutto quelli non statali, nell'attuazione dei progetti); la riduzione della povertà (obiettivo centrale del partenariato); un nuovo quadro commerciale, tramite la negoziazione di nuovi accordi OMC-compatibili al fine di liberalizzare gli scambi commerciali tra parti e porre fine al regime di preferenze non reciproche (ad ogni modo, il sistema entrerà in vigore non prima del 2008); infine, ed è quello che ci interessa più da vicino, una *riforma della cooperazione per il finanziamento allo sviluppo* (cui è dedicato il Titolo III), che, se non ha intaccato le norme relative ai beneficiari (*art. 58*) ed ai settori d'intervento, ha fissato delle modifiche sia nei mezzi d'attuazione (come riportato qui di seguito) che negli organi e nelle procedure di gestione (v. paragrafo successivo).

Gli strumenti di attuazione della cooperazione finanziati dal FES[123] sono stati razionalizzati, rispetto alle Convenzioni di Lomé, in modo che tutte le risorse vengano fornite, in sostanza, mediante due strumenti:

---

[122] Risulta utile ricordare che le istituzioni congiunte della cooperazione continuano ad esistere così come previsto dalle Convenzioni di Lomé.
[123] Le risorse totali disponibili in base al FES (IX), valido fino la 2005, ammontano a 13,5 miliardi di EURO (dopo la sostituzione dell'ECU il 1° gennaio 1999 con un tasso di 1 a 1) più i circa 10 miliardi inutilizzati dei FES precedenti.

- Un pacchetto che racchiude le varie tipologie di *aiuti a fondo perduto* (circa 11,5 miliardi di EURO), in base a cui ad ogni Paese viene assegnata una somma forfettaria destinata a finanziare una vasta gamma di operazioni per il sostegno allo sviluppo di lungo termine, ossia (*art. 60*): le misure che contribuiscono ad alleviare gli oneri inerenti al debito, le riforme e politiche macroeconomiche e strutturali, i programmi a carattere settoriale, *i progetti e programmi di sviluppo tradizionali*, l'aiuto umanitario e d'emergenza e il sostegno aggiuntivo in caso di perdite nei proventi da esportazione[124].

- Il *Fondo Investimenti* (FI), che racchiude i prestiti al settore privato e i capitali di rischio, ha l'obiettivo di garantire ai Paesi ACP un livello adeguato di risorse utilizzabili per lo sviluppo del settore privato nel breve, medio e lungo periodo. Questo nuovo strumento, che dispone di circa 2 miliardi di EURO, è gestito dalla BEI (che può operare a favore dei Paesi ACP, come previsto anche dalle precedenti Convenzioni, anche con risorse proprie, ammontanti a 1,7 miliardi di EURO) ed il suo funzionamento è analogo a quello di un «fondo rotativo» (i proventi derivanti dalle sue operazioni sono reimpiegati nel Fondo stesso). Il FI è stato creato, più nello specifico, per il supporto finanziario alle seguenti attività economiche: prestiti e garanzie per investimenti privati interni ed esteri; attività private economicamente vitali e, se soddisfano questa condizione, imprese pubbliche; supporto tecnico per le privatizzazioni; investimenti dei redditi interni e dei risparmi domestici ed esteri; infine, rafforzamento delle locali istituzioni finanziarie e dei mercati di capitale.

---

[124] Il nuovo accordo prevede il superamento delle clausole STABEX e SYSMIN; pertanto, in caso di consistenti perdite di proventi all'esportazione, i Paesi ACP ricevono dei contributi mediante lo strumento degli aiuti non rimborsabili assegnati.

6. Gli agenti incaricati della gestione della cooperazione per il finanziamento allo sviluppo e il «ciclo del progetto».

L'Accordo di Cotonou, oltre agli strumenti, ha razionalizzato e semplificato anche le norme circa gli organismi responsabili e l'iter procedurale dei programmi e progetti di sviluppo che, come già più volte affermato, attuano l'assistenza tecnica e finanziaria (in senso stretto) della Comunità Europea. Compito del presente paragrafo è analizzare, in primo luogo, gli attori istituzionali (comunitari, dei Paesi ACP o congiunti) che gestiscono ed eseguono la cooperazione per il finanziamento allo sviluppo, e, in secondo luogo, le fasi dell'iter procedurale che questi interventi attraversano (il cosiddetto «ciclo del progetto»).

- *Gli organismi responsabili della gestione ed esecuzione dei progetti*

Per quanto riguarda le istituzioni della Comunità, il ruolo principale spetta alla Commissione, o meglio, all'ufficio di cooperazione *EuropeAid* (creato nel 2001) che, configurandosi come un servizio della Commissione stessa, ha la specifica funzione di mettere in atto gli strumenti di assistenza esterna finanziati dal FES, gestendo in particolare, a nome della Commissione stessa, il ciclo progettuale in tutte le sue fasi[125].

L'Accordo di Cotonou, dal canto suo, specifica le funzioni di una serie di organismi responsabili della gestione e dell'esecuzione del settore della

---

[125] La creazione dell'ufficio EuropeAid, che unifica i servizi responsabili dell'esecuzione dei programmi di assistenza ai Paesi terzi, ha le sue origini in due riforme della gestione degli strumenti di cooperazione a lungo termine messe in atto dalla Commissione stessa. La prima, nel 1998, sancì la nascita del SCR (*Servizio Comune delle Relazioni esterne*, poi sostituito da EuropeAid), che si dedicò al miglioramento della gestione degli aiuti (in particolare all'armonizzazione e alla semplificazione delle procedure di aggiudicazione degli appalti). La seconda, nel 2000, prese la forma di un nuovo approccio alla cooperazione, i cui scopi erano migliorare la qualità dei progetti, ridurne il tempo di attuazione e garantire migliori procedure di gestione finanziaria, tecnica e contrattuale.

cooperazione finanziaria e tecnica (che ritroveremo sia nello studio dell'iter progettuale, qui di seguito, che nell'analisi delle norme che regolano le gare d'appalto di servizi, oggetto del Capitolo successivo).
Per quanto concerne gli organismi congiunti, l'*art. 83* dispone che il Consiglio dei Ministri ACP-CE, per l'esame annuale della realizzazione degli obiettivi della cooperazione per il finanziamento dello sviluppo, sia coadiuvato da un particolare organo, ossia il <u>Comitato ACP-CE di cooperazione per il finanziamento dello sviluppo</u>. Tale Comitato (che si riunisce trimestralmente ed è composto, su base paritetica, da rappresentanti degli Stati ACP e della Comunità) ha, oltre alla suddetta funzione generale, anche incarichi più specifici: supportare la redazione della *SSN* (Strategia di Sostegno Nazionale), assicurare la realizzazione degli obiettivi e dei principi della cooperazione per il finanziamento dello sviluppo e stabilire gli orientamenti per la loro attuazione; «esaminare i problemi posti dall'attuazione delle azioni di cooperazione allo sviluppo e proporre adeguate misure»; analizzare periodicamente le azioni intraprese; convocare riunioni di esperti per studiare le cause di eventuali difficoltà che ostacolino l'attuazione della cooperazione finanziaria e tecnica.
Per quanto riguarda gli organismi comunitari e degli Stati ACP previsti dall'Accordo di Cotonou, l'*Allegato IV* all'Accordo, intitolato «*Procedure di attuazione e di gestione*», indica, agli *artt. 34-36*, le funzioni di tre agenti specifici: l'«*ordinatore principale*», l'«*ordinatore nazionale*» e il «*capo delegazione*».
L'<u>*ordinatore principale*</u> (*art. 34*), è responsabile della gestione delle risorse del FES (ossia di impegni, liquidazioni, autorizzazioni e contabilità) e, a questo titolo, controlla che le decisioni di finanziamento vengano rispettate. In stretta collaborazione con l'ordinatore nazionale prende le decisioni relative agli impegni e le misure finanziarie che si rivelano necessarie per

garantire, sotto il profilo economico e tecnico, la corretta esecuzione delle azioni approvate; redige il fascicolo di gara prima della pubblicazione del bando per le gare internazionali d'appalto a procedura «aperta» o «ristretta»; provvede alla pubblicazione dei bandi di gara entro termini ragionevoli. Al termine di ogni esercizio, infine, si occupa della stesura del bilancio particolareggiato del FES (il quale indica, tra l'altro, il saldo dei contributi versati dagli Stati membri della Comunità).

L'*ordinatore nazionale* (*art. 35*), nominato da ciascun governo dei Paesi ACP, ha la funzione di rappresentarlo in tutte le operazioni finanziate con le risorse del FES e di coadiuvarlo nella redazione del *PIN* (Programma Indicativo Nazionale). In particolare, in stretta collaborazione con il capo delegazione, è responsabile sia della preparazione, della presentazione e dell'istruzione di progetti e programmi sia dell'organizzazione delle gare d'appalto locali e internazionali (a procedura «aperta» e «ristretta»), presiedendo al loro spoglio, approvandone i risultati e firmandone i relativi contratti; infine, nel corso dell'esecuzione di un appalto, prende i provvedimenti di adeguamento necessari per assicurare, sotto il profilo economico e tecnico, la corretta esecuzione dei progetti e programmi approvati (ad esempio, decide l'assunzione di ulteriori consulenti e/o altri esperti in materia di assistenza tecnica).

Il *capo delegazione* (*art. 36*), a sua volta, è il responsabile della rappresentanza della Commissione Europea, in tutti i settori e attività di sua competenza, in ciascuno Stato ACP; è nominato dalla Commissione stessa con l'approvazione del Paese ACP interessato. Egli, in stretta cooperazione con l'ordinatore nazionale e su richiesta dello Stato ACP interessato, partecipa alla preparazione e all'istruzione di programmi e progetti; prepara le proposte di finanziamento; assiste allo spoglio delle offerte e riceve i risultati del loro esame; approva, nel termine di trenta giorni, la proposta dell'ordinatore nazionale di aggiudicazione di un contratto d'appalto; si accerta che i progetti e i programmi finanziati sulle risorse del FES siano eseguiti correttamente dal punto di vista finanziario e tecnico; coopera con le autorità nazionali dello Stato ACP; comunica al Paese ACP ogni informazione o documento utile concernente le procedure di attuazione della cooperazione per il finanziamento dello sviluppo; in conclusione, informa regolarmente le autorità nazionali sulle attività comunitarie che possono interessare direttamente la cooperazione tra la Comunità e gli Stati ACP.

- *Il «ciclo dei progetti»*

A questo punto, come si diceva, proponiamo lo studio delle fasi dell'iter che i programmi ed i progetti di sviluppo comunitari attraversano e la cui fonte principale sono le norme statuite in diversi articoli contenuti nell'Allegato IV all'Accordo di Cotonou:

<u>Programmazione (artt. 1-5)</u>

Ogni cinque anni, sulla base della dotazione finanziaria e di analisi preventive circa i problemi e le potenzialità del Paese beneficiario, le priorità locali e dell'UE e le attività di altri finanziatori, viene elaborata (sotto la responsabilità dell'Ordinatore principale e del Comitato ACP-CE) una *«Strategia di Sostegno Nazionale»* (SSN). Questa definisce gli orientamenti generali per l'impiego degli aiuti ed una somma orientativa a disposizione, stabilita in base a criteri quali il reddito pro capite, la popolazione, gli indicatori sociali, il livello del debito, la perdita di proventi da esportazioni e la dipendenza da tali proventi. Alla SSN viene annesso un *«Programma Indicativo Nazionale»* (PIN, adottato di comune accordo dalla Comunità e dallo Stato ACP e vincolante per entrambi) in cui ciascun ordinatore nazionale precisa gli obiettivi prioritari, i settori dove meglio concentrare l'aiuto finanziario, l'identificazione dei vari enti idonei a beneficiare del finanziamento ed un certo numero di programmi e progetti atti alla realizzazione degli obiettivi stessi.

Le risorse concesse, a partire dall'Accordo di Cotonou (sulla scorta di un esame annuale del loro utilizzo effettuato dall'ufficio EuropeAid e dal Paese beneficiario nonché dal Comitato ACP-CE), vengono aumentate o diminuite in base ai risultati economici raggiunti e ad alcune variabili fondamentali come il rispetto dei diritti umani, il contenimento o la riduzione della povertà, la gestione trasparente delle risorse e la lotta alla corruzione, i progressi ottenuti nell'attuazione delle riforme istituzionali, etc. Queste valutazioni periodiche hanno il fine d'impedire che somme rilevanti restino bloccate in Paesi che non ne facciano buon uso.

Individuazione, Preparazione ed Istruzione (art. 15)

In base al PIN stabilito, le idee per i programmi ed i progetti vengono esaminate, approfondite, selezionate e formulate in maniera più appropriata (da parte dell'ordinatore nazionale, coadiuvato dal capo delegazione); studi settoriali, tematici o di fattibilità ne sono lo strumento. I fattori determinanti sono la pertinenza del programma o progetto in rapporto alle priorità esposte nella SSN e nel PIN e la sua fattibilità economica, tecnica, finanziaria, ambientale, sociale, etc. Nella formulazione completa di un programma o progetto devono essere chiariti anche altri elementi decisivi come il piano d'esecuzione, un calendario delle attività, i risultati attesi e le risorse necessarie. Le conclusioni di questo processo sono così riassunte in una proposta di finanziamento del programma o progetto in questione.

Finanziamento (artt. 16-17)

La proposta di finanziamento, redatta dal capo delegazione e dall'ordinatore nazionale, viene trasmessa ufficialmente agli organi deliberanti del Paese ACP interessato, che può compiere osservazioni. Viene firmata, a questo punto, dal governo beneficiario e dalla Commissione (che agisce a nome della Comunità), una «convenzione di finanziamento», che precisa: l'impegno finanziario, le modalità e le condizioni di finanziamento, le disposizioni generali e specifiche relative al progetto o programma in questione ed infine le previsioni di calendario per l'esecuzione. La firma dell'accordo d'investimento segna l'inizio della fase esecutiva.

Esecuzione (artt. 20-31)

I Paesi ACP eseguono i programmi o progetti finanziati dal FES. Dopo la firma della convenzione di finanziamento, l'ordinatore principale (insieme all'ordinatore nazionale), prepara e invia all'amministrazione aggiudicatrice[126], per l'approvazione e l'avvio della procedura, i fascicoli di gara relativi all'organizzazione di gare d'appalto internazionali di servizi[127], di forniture di materiali o di lavori (a seconda di quanto preveda il programma o progetto). A questo punto, in stretta collaborazione con il capo delegazione, l'amministrazione aggiudicatrice indice le gare d'appalto, riceve le offerte, presiede al loro esame, stabilisce i risultati e ne firma i relativi contratti d'esecuzione.

Controllo e Valutazione (artt. 32-33)

Funzioni che consistono nell'apprezzamento, sotto la supervisione di organi comunitari (EuropeAid, delegazione e ordinatore principale) e congiunti (Comitato ACP-CE), dell'esecuzione e dei risultati di un programma o progetto. Le variabili prese in considerazione sono l'efficienza, il rispetto delle norme giuridiche, la coerenza e la trasparenza delle procedure di aggiudicazione degli appalti e di assegnazione delle sovvenzioni, la qualità

---

[126] Lo Stato o la persona giuridica di diritto pubblico o privato abilitata a gestire l'organizzazione e l'esecuzione di una gara d'appalto in base a quanto previsto nella convenzione di finanziamento (spesso, comunque, tale procedura è gestita, così come prevedono le sue funzioni, dallo stesso ordinatore nazionale che, quindi, funge anche da ente appaltante).

[127] In questo caso si esplica, generalmente, la cooperazione tecnica.

del lavoro reso da parte dell'esecutore, la redditività, etc. La valutazione può avvenire durante l'esecuzione (e in tal caso può condurre a continuare, rettificare o sospendere un programma o un progetto) e/o dopo la sua ultimazione (per ricavare la maggiore esperienza possibile per la pianificazione e l'esecuzione di programmi o progetti futuri).

7. La cooperazione tecnica.

Discorso a sé, in conclusione di capitolo ed in vista del prossimo, merita la cooperazione tecnica comunitaria, intesa, lo ricordiamo, come un canale di trasferimento di conoscenze e capacità tecniche tramite l'attività di formazione del personale in diversi settori della cooperazione e la fornitura di servizi e di consulenze.

Essa è strettamente connessa alla cooperazione finanziaria (nello «stricto sensu» considerato), ove si rammenti che la gran parte dei programmi e progetti finanziati dal FES in favore dei Paesi ACP è riferita, oltre agli investimenti per forniture di materiali e per lavori pubblici, anche ad *azioni di cooperazione tecnica*. Ciò è confermato, inoltre, anche dall'*art. 60* dell'Accordo di Cotonou, il quale prevede espressamente che nel campo d'applicazione dei finanziamenti per lo sviluppo, a seconda del fabbisogno e dei tipi d'intervento ritenuti più appropriati, rientrino anche «*programmi e progetti di cooperazione tecnica*».

Gli scopi di siffatta cooperazione, in base agli *artt. 79* e *80* dell'Accordo di Cotonou, sono sia generali che specifici. Tra gli obiettivi generali si considerano: la valorizzazione delle risorse umane ed economiche; lo sviluppo duraturo delle istituzioni e del personale; l'aiuto ai governi nei settori sociali fondamentali; il miglioramento delle capacità in materia di pianificazione, attuazione e valutazione dei progetti. Tra quelli specifici: il rafforzamento delle competenze delle imprese di consulenza dei Paesi ACP;

la conclusione di accordi di scambio per consulenti dei Paesi ACP e dell'UE; la partecipazione di esperti, imprese di consulenza e istituti di formazione e di ricerca dei Paesi ACP negli appalti finanziati dal FES; l'incentivazione al rimpatrio dei cittadini ACP qualificati residenti nei Paesi sviluppati.

Più nel particolare, infine, le azioni di cooperazione tecnica possono assumere due caratteri[128]:

- *specifico* (ossia preliminare o complementare alla fase esecutiva di determinati progetti di lavori pubblici come strade, ospedali, sistemi idrici, etc.), che consiste «non solo negli studi di sviluppo, negli studi tecnici, economici, finanziari e commerciali e nelle ricerche e prospezioni necessarie alla messa a punto di progetti e programmi, ma anche nell'aiuto prestato sia per la preparazione dei fascicoli relativi a progetti e programmi che per la sorveglianza dei lavori»[129], nonché nella formazione del personale locale; in pratica, tutta una serie di servizi legati a determinati progetti e programmi[130];

- o *a vocazione più generale* (ossia «le azioni di cooperazione tecnica non riconducibili a specifici progetti e programmi»[131] come, ad esempio, studi su problemi nazionali e regionali di uno o più Stati ACP, studi settoriali, sperimentazioni e dimostrazioni, formazione dei quadri dirigenti, etc.)[132].

---

[128] Come si vedrà (Cap. III, par. 3), a questi due tipi di caratteri corrispondono due differenti tipi di appalto.
[129] GIULIANO, *Cooperazione allo sviluppo e diritto internazionale*, 1985, pag. 122.
[130] Un esempio di questo tipo di assistenza può essere uno studio tecnico preliminare per il miglioramento della strada statale X nel Paese Y.
[131] *Ibidem*, pag. 123.
[132] Questo tipo di assistenza tecnica può essere riferito al supporto richiesto per una riforma istituzionale, ad esempio, di un organo comune del gruppo dei Paesi ACP.

CAPITOLO TERZO

LE NORME RELATIVE ALLE GARE D'APPALTO DI SERVIZI FINANZIATI DAL F.E.S.

1. Introduzione. 2. Le norme generali relative a tutte le gare d'appalto. 3. Le norme specifiche applicabili alle gare d'appalto di servizi.

1. Introduzione.

La cooperazione tecnica comunitaria (o legata a determinati progetti e programmi di sviluppo o a vocazione più generale), si specifica, come abbiamo osservato diverse volte, soprattutto nella fornitura di *servizi di consulenza* (forniti da società, consulenti, uffici studi, etc.). La Comunità Europea (e più in generale gli enti internazionali), nel momento in cui viene finanziato un progetto o programma di sviluppo (che comporti la fornitura di beni o servizi o l'esecuzione di lavori), prevede che la fase di realizzazione del progetto stesso avvenga a seguito di gare d'appalto da svolgersi secondo determinate regole da essa redatte e stabilite. Le gare si pongono, quindi, come l'anello di congiunzione fra la fase dell'ideazione di un progetto e la sua effettiva implementazione. Quando, ad esempio, viene finanziato un certo programma o progetto a favore di un determinato Paese (che prevede la fornitura di attrezzature meccaniche agricole oppure l'assistenza tecnica per l'organizzazione dell'archivio del Ministero dell'Economia oppure la supervisione dei lavori di costruzione di una rete fognaria), è statuito che esso venga realizzato da una società o impresa a seguito di una specifica gara d'appalto.

Il presente Capitolo, ultima parte della nostra ricerca, è dedicato principalmente alle *norme che disciplinano le gare d'appalto per la fornitura di servizi di assistenza tecnica* in relazione a progetti finanziati dalla Comunità Europea attraverso le risorse messe a disposizione dal FES.
Prima di procedere nell'analisi delle norme in questione, però, è importante sottolineare un aspetto importante. Ziccardi[170] ammette che il settore delle gare d'appalto internazionali, a dispetto del rilievo che assume all'interno del mercato internazionale, «non ha mai attratto l'attenzione degli organismi governativi, intergovernativi o privati, promotori di convenzioni di diritto uniforme»; esiste, però, continua l'Autore, «una parte della disciplina degli appalti internazionali (...) che si sottrae alla (...) assenza di normativa internazionale: le norme poste dalla (...) Unione Europea, infatti, (...) assoggettano a minuta e partita regolamentazione l'aggiudicazione di appalti pubblici, di appalti per pubbliche forniture, di appalti pubblici di servizi, di appalti nei settori dell'acqua, dell'energia, dei trasporti e delle telecomunicazioni». È un aspetto che risulta valido, inoltre, sia per gli appalti intra-Comunità che per quelli extra-Comunità.
Venendo al dunque, l'*art. 28* dell'*Allegato IV* all'Accordo di Cotonou dispone che l'aggiudicazione degli appalti finanziati dal FES venga disciplinata dall'*Allegato* stesso «e dalle procedure adottate mediante decisione del Consiglio dei Ministri ACP-CE (...)». L'*art. 29*, dal canto suo, prevede che «l'esecuzione degli appalti di opere, forniture e servizi finanziati dal Fondo europeo di sviluppo sia disciplinata, in primo luogo, dalle condizioni generali applicabili agli appalti finanziati dal Fondo che sono adottate mediante decisione del Consiglio dei ministri ACP-CE (...)».

---

[170] *L'appalto internazionale, questioni normative e di pratica*, 2002, pagg.17-18.

Su tali fondamenti giuridici, il 7 ottobre 2002, il Consiglio dei Ministri ACP-CE ha adottato una decisione (n° 2/2002)[171], relativa all'attuazione degli articoli *28, 29* e *30* del suddetto *Allegato IV*, con annessa la «*Regolamentazione generale relativa agli appalti di servizi, di forniture e di lavori finanziati dal Fondo Europeo di Sviluppo (FES)*». Tale regolamentazione, che rappresenta il punto di riferimento per quanto riguarda le procedure di aggiudicazione degli appalti di cooperazione finanziaria e tecnica dell'UE verso i Paesi ACP, comprende *i principi e le condizioni di partecipazione alle gare d'appalto nonché i principi e le condizioni dell'aggiudicazione degli stessi*[172].

L'oggetto dell'analisi (le norme generali dedicate a tutte le gare d'appalto e a quelle specifiche disciplinanti il settore delle gare d'appalto di servizi) sarà analizzato, dunque, in base sia alle disposizioni contenute nell'*Allegato IV all'Accordo di Cotonou* sia a quelle previste dalla normativa adottata dal Consiglio dei Ministri ACP-CE.

2. Le norme generali relative a tutte le gare d'appalto.

Le norme generali, tra le quali proporremo quelle più rilevanti, sono applicabili a tutti i tipi di gare d'appalto e riguardano diversi ambiti, riportati qui di seguito. Di fianco al titolo di ciascuna categoria saranno indicate le fonti: «*R*» starà per «*Regolamentazione generale relativa agli appalti di servizi, di forniture e di lavori finanziati dal Fondo Europeo di Sviluppo (FES)*» mentre «*A*» starà per «*Allegato IV all'Accordo di*

---

[171] *Gazzetta Ufficiale delle Comunità Europee* L 320 del 23 novembre 2002.
[172] Essa riprende (quasi integralmente) la normativa sulle procedure da seguire per l'aggiudicazione degli appalti finanziati nel quadro della cooperazione comunitaria con tutti i Paesi terzi, adottata nel 1999 dal SCR (*Servizio Comune delle Relazioni esterne*, v. Cap. II, par. 6, nota n° 76).

Cotonou» (del quale saranno indicati gli articoli). Le citazioni, salvo dove diversamente indicato, si riferiranno sempre alla «*R*».

Ammissibilità (*R*) e (*A, artt. 20-22*)

La cosiddetta «*norma della nazionalità e dell'origine*» dispone che la partecipazione alle gare e agli appalti finanziati dal FES sia aperta, a parità di condizioni, alle persone fisiche, alle società o imprese, agli organismi pubblici o a partecipazione pubblica, alle cooperative, alle altre persone di diritto pubblico o privato ed infine a qualsiasi impresa comune o *joint venture* degli Stati ACP e/o degli Stati membri dell'UE. Tale norma si applica anche ai singoli esperti che partecipano alle gare d'appalto finanziate dal FES (salvo casi eccezionali e dietro approvazione preventiva dell'ufficio EuropeAid).

Possono essere autorizzate a partecipare agli appalti, derogando così alla norma generale, anche le persone fisiche o giuridiche di Paesi terzi *in via di sviluppo* su richiesta del Paese ACP beneficiario (per la vicinanza geografica, per la competitività degli imprenditori, fornitori o consulenti, per i minori costi di esecuzione, per la presenza di tecnologie più adatte alle condizioni locali, etc.). La partecipazione agli appalti di organismi di Paesi terzi (questa volta anche quelli *industrializzati*), può essere autorizzata nei casi in cui la Comunità partecipi al finanziamento di azioni di cooperazione regionale o interregionale cui prendano parte Paesi terzi, in caso di cofinanziamenti o, infine, in casi d'urgenza.

Le norme sull'ammissibilità contemplano anche i casi di «*esclusione*» dalla partecipazione alle gare o dall'aggiudicazione di un appalto; le persone fisiche o giuridiche non sono ammesse, ad esempio, nei casi in cui: siano in stato di (o oggetto di una procedura di dichiarazione di) fallimento, liquidazione e simili; «abbiano subito una condanna non soggetta a ricorso per un reato relativo alla moralità professionale»; si siano rese responsabili di gravi abusi professionali; non siano in regola con gli obblighi in materia di contributi sociali e fiscali secondo le leggi del Paese in cui sono stabilite; «siano state dichiarate colpevoli, a causa del non rispetto degli obblighi contrattuali, di gravi inadempimenti in materia di esecuzione, nel quadro di un altro contratto sottoscritto con la stessa amministrazione aggiudicatrice[173] o nel quadro di un altro contratto finanziato attraverso i fondi comunitari».

Infine, i criteri di ammissibilità sono strettamente legati alla «*parità di partecipazione agli appalti*», assicurata, dalla Commissione Europea e dal Paese ACP beneficiario, mediante le seguenti misure:

a) pubblicazione dei bandi di gara (nella Gazzetta Ufficiale delle Comunità Europee e su Internet, in particolare sul sito dell'ufficio di cooperazione EuropeAid, nelle Gazzette Ufficiali di tutti gli Stati ACP o su altri mezzi d'informazione appropriati come riviste specializzate, etc.);

b) presenza di tutti i criteri di selezione nei documenti di gara;

c) infine, dimostrazione che l'offerta scelta risponda ai criteri e alle condizioni fissate.

Procedure di aggiudicazione degli appalti (R) e (*A, artt. 23-25*)

Il principio base, nell'aggiudicazione degli appalti, è quello della «concorrenza», il quale ha il duplice obiettivo di assicurare la trasparenza delle operazioni e di ottenere il miglior rapporto qualità/prezzo per i servizi, le forniture o i lavori richiesti. Esistono vari tipi di procedure di aggiudicazione degli appalti con diversi gradi di concorrenza.

---

[173] V. Cap. II, par. 6, nota n° 77. Si considerino sinonimi «autorità amministratrice», «amministrazione appaltatrice» ed «ente appaltante» (ricordiamo che, in alcuni casi, è l'ordinatore nazionale ad organizzare e presiedere tutte le fasi di una gara d'appalto; per motivi di linearità d'esposizione eviteremo, nel corso della trattazione, di chiarire, ogni volta che nomineremo l'amministrazione aggiudicatrice o suoi sinonimi, una tale eventualità).

Procedura aperta: in base a tale iter, tutte le persone fisiche e giuridiche che intendono presentare un'offerta ricevono, dopo la pubblicazione del bando di gara e su semplice richiesta, il «fascicolo di gara» dell'appalto in questione (di solito a pagamento), che contiene l'insieme degli elementi necessari per la messa a punto dell'offerta. La scelta dell'aggiudicatario è effettuata mediante l'applicazione simultanea della «procedura di selezione» e della «procedura di aggiudicazione»[174].

Procedura ristretta[175]: in questo tipo di procedura (che è quella ordinaria, ossia la più comunemente utilizzata per le gare d'appalto internazionali finanziate dal FES), sulla base delle richieste pervenute dopo la pubblicazione del bando di gara, l'amministrazione aggiudicatrice, coadiuvata dal capo delegazione della Commissione Europea, invita un numero limitato di candidati, in virtù delle loro qualifiche, a partecipare alla gara[176]. La «procedura di selezione» (v. la nota n° 88) serve essenzialmente ad effettuare il passaggio dall'elenco generale (tutti i candidati che hanno risposto alla pubblicazione) all'elenco ristretto. In una seconda fase, l'amministrazione aggiudicatrice inoltra, ai candidati prescelti dell'elenco ristretto, l'«invito a presentare un'offerta»[177] e il fascicolo di gara dell'appalto in questione. L'offerente è tenuto a preparare, sulla base delle disposizioni inserite nel fascicolo, sia una proposta «tecnica» (presentazione

---

[174] Si rimanda, a tal proposito, alla parte relativa ai «criteri di selezione ed aggiudicazione», *infra*, pagg. 86-88.
[175] Per gli elementi accennati in riferimento a tale procedure si rimanda, per un maggiore approfondimento al par. 3, *infra*, pagg. 93 ss.
[176] Un «candidato» è una qualsiasi persona fisica o giuridica (anche consorzio, inteso come un raggruppamento permanente, ossia dotato di personalità giuridica, o informale, creato ai fini di una licitazione specifica) che abbia presentato una richiesta di partecipazione ad una gara d'appalto con tale procedura.
[177] ZICCARDI, *op. cit.*, pag. 49, definisce l'«invito a offrire» come la «comunicazione dell'intenzione di stipulare un contratto» con le clausole stabilite dalla stessa amministrazione appaltante.

della società o del consorzio mediante brochure e schede dei progetti acquisiti in passato; metodologia della messa in opera; curriculum vitae degli esperti e loro relative dichiarazioni di disponibilità, etc.) che una proposta «finanziaria» (indicazione e ripartizione dei costi per la realizzazione dell'appalto). Dopo la ricezione di tutte le offerte avviene la scelta, mediante la «procedura di aggiudicazione» (v. di nuovo la nota n° 88). L'aggiudicatario riceverà la notifica dell'assegnazione dell'appalto e, dopo la firma del contratto di esecuzione (che contempla modi e forme dei pagamenti, tempi e direttive d'esecuzione, etc.), potrà avvenire la messa in opera.

Procedura semplificata: procedura in base alla quale solo i candidati invitati dall'amministrazione aggiudicatrice, senza pubblicazione di alcun bando di gara, possono presentare un'offerta[178]. Al termine dell'iter viene scelta l'offerta economicamente più vantaggiosa[179].

Procedura negoziata: si tratta, in sostanza, di una tipica trattativa privata, in base alla quale l'amministrazione aggiudicatrice, senza pubblicazione di alcun bando di gara, consulta il candidato o i candidati di sua scelta e con questo/i negozia le condizioni dell'appalto. Essa può avvenire per vari motivi: quando una forte urgenza, a seguito di eventi imprevedibili per l'autorità aggiudicatrice, «non è compatibile con le scadenze imposte dalle normali procedure»; quando le prestazioni sono affidate a organismi di vario tipo senza scopo di lucro; quando la finalità del contratto non riflette un aspetto economico o commerciale; «in caso di insuccesso del bando di

---

[178] Nel caso degli appalti di *servizi*, l'amministrazione aggiudicatrice fa leva su un *database* delle società di consulenza chiamato «*FIBU*» (acronimo dal francese «FIchier des BUreaux des consultants» ossia «elenco delle società di consulenza»).

[179] Ossia l'offerta giudicata migliore in base a criteri variabili secondo l'appalto in questione come, ad esempio, la qualità, il valore tecnico, il carattere estetico e funzionale, il servizio di post-vendita e l'assistenza tecnica, la data di consegna, il prezzo, etc.

gara» (ossia qualora non vengano presentate offerte idonee sul piano tecnico e/o finanziario; in questo caso, l'amministrazione aggiudicatrice, previa approvazione della Commissione Europea, può avviare trattative tra i candidati che abbiano partecipato alla gara); quando, infine, per i soli appalti di *servizi*, si prolungano attività già avviate.

Contratto quadro: si intende un contratto stipulato per l'esecuzione (in un dato periodo di tempo) «di un numero non specificato di prestazioni omogenee di servizi o forniture». L'ufficio EuropeAid (che agisce in nome e per conto dell'insieme dei Paesi beneficiari), tramite una gara d'appalto ristretta, seleziona un certo numero di contraenti (con i quali firma un contratto «quadro»), e ne compila gli elenchi (per un periodo compreso tra tre e cinque anni), suddivisi in diversi lotti comprendenti vari settori di competenze tecniche. I contraenti, successivamente, possono essere sollecitati per mettere a disposizione uno o più esperti per appalti specifici (missioni); in occasione di ciascuna missione, l'ufficio EuropeAid invita i contraenti indicati nell'elenco a presentare una proposta nei limiti del proprio contratto quadro.

Appalti eseguiti in economia: in questo caso, i progetti e i programmi sono attuati con i mezzi propri di enti, agenzie o organismi pubblici (o a partecipazione pubblica) di un Paese ACP. La Comunità contribuisce alle spese fornendo apparecchiature, materiali mancanti o risorse per l'assunzione di personale supplementare. La partecipazione della Comunità riguarda, quindi, solo il finanziamento di misure complementari e di spese di esecuzione temporanee.

Gara con «clausola sospensiva»: in casi eccezionali, la gara viene indetta prima della firma della convenzione di finanziamento tra la Commissione Europea e il Paese ACP; l'aggiudicazione dell'appalto è, però, subordinata alla conclusione dell'iter finanziario e quindi alla messa a disposizione dei fondi corrispondenti (è in questo che consiste la «clausola sospensiva», che deve essere esplicitamente menzionata nel bando di gara). In ogni caso, se non ha luogo la firma della convenzione di finanziamento, la gara viene annullata.

Criteri di selezione ed aggiudicazione dell'appalto (*R*) e (*A, artt. 26-27*)
L'elemento di questo aspetto, comune a tutte le procedure, è la cosiddetta «commissione di valutazione», ossia quella particolare commissione giudicatrice composta da un numero dispari di membri (almeno tre) e dotata delle competenze tecniche e amministrative necessarie per pronunciarsi in maniera valida sulle offerte.

L'*art. 27* dell'*Allegato IV all'Accordo di Cotonou* prevede che, in tema di aggiudicazione dei contratti, l'autorità amministratrice aggiudichi l'appalto, in linea generale, al candidato la cui offerta sia stata ritenuta conforme alle prescrizioni dei termini di riferimento contenuti nel fascicolo di gara. Nel caso di un appalto di *servizi* (tralasciando le norme relative a quelli di forniture e lavori), essa, in via generale, l'assegna al candidato che abbia presentato l'offerta più vantaggiosa in base ai seguenti criteri: qualità tecniche, organizzazione e metodologia proposte per la fornitura dei servizi, competenza, indipendenza e disponibilità del personale proposto e prezzo dell'offerta (v. anche la nota n° 93).

Se due offerte sono giudicate equivalenti in base a tali criteri si accordano, a favore dei Paesi ACP, le clausole della cosiddetta «*preferenza*»; per quanto riguarda gli appalti di *servizi* essa viene accordata: o ad esperti, istituzioni, uffici studi o società di consulenza degli Stati ACP; o alle offerte presentate dalle società di Paesi ACP in consorzio con partner europei; o alle offerte presentate da concorrenti europei facenti ricorso a subappaltatori o esperti di Paesi ACP.

Per quanto concerne gli appalti con procedura aperta o ristretta, così come affermato precedentemente, l'aggiudicazione avviene sempre in base alle due seguenti operazioni: a) *«procedura di selezione»*, ossia la verifica dell'ammissibilità (sulla base dei criteri pubblicati di volta in volta nel bando di gara) delle capacità finanziarie, economiche, tecniche e professionali degli offerenti; b) *«procedura di aggiudicazione»*, ossia il confronto delle offerte sulla base dei criteri, specificati nel fascicolo di gara, che consentano di determinare l'offerta più vantaggiosa. Nella «procedura aperta» le due operazioni si effettuano in una sola fase, ossia al momento dell'esame delle offerte. Nella «procedura ristretta» la prima si effettua in una fase preliminare, ossia quando vengono esaminate le candidature (compilazione dell'elenco ristretto), e la seconda nella fase successiva (gara), ossia al momento dell'esame delle offerte tecniche e finanziarie.

Annullamento della procedura di gara (R)

Può aver luogo nei casi di: insuccesso della procedura di gara (assenza di offerte idonee sul piano qualitativo e/o finanziario o assenza di risposte); sostanziale modifica degli elementi tecnici o economici del progetto; «circostanze eccezionali, o casi di forza maggiore, che rendano impossibile la normale esecuzione del progetto»; superamento, da parte delle offerte, delle risorse finanziarie disponibili; gravi abusi procedurali, che abbiano ostacolato la libera concorrenza.

Dopo un annullamento, previa autorizzazione della delegazione comunitaria e della Commissione Europea, l'autorità aggiudicatrice può decidere di: indire nuovamente la gara; avviare una procedura di negoziazione con uno o più candidati tra quelli che più abbiano soddisfatto i criteri di selezione (sempre che le condizioni iniziali dell'appalto non siano state modificate); non aggiudicare l'appalto in questione.

Clausole deontologiche (R)

Particolareggiata è la trattazione delle norme generali di comportamento che le persone fisiche e giuridiche devono rispettare in tutte le fasi dell'appalto. Qui di seguito evidenzieremo quelle che, a nostro avviso, appaiono di maggiore interesse: a) ogni tentativo di ottenere informazioni riservate o procedere a intese illegali con i concorrenti o influenzare la Commissione Europea o l'autorità appaltatrice nelle procedure di esame, spoglio, valutazione e confronto delle offerte, può causare il rigetto dell'offerta stessa; b) salvo autorizzazione scritta dell'amministrazione aggiudicatrice, il titolare di un contratto e il suo personale (nonché un eventuale consorzio), non hanno la facoltà di prestare altri servizi, eseguire lavori o effettuare forniture per il progetto in questione, neanche a titolo di subappalto; c) il titolare di un contratto deve astenersi sia dal dichiarare pubblicamente ogni aspetto riguardante il progetto in esecuzione senza previa approvazione dell'autorità aggiudicatrice sia dall'utilizzare documenti riservati per fini diversi da quelli disciplinati dal contratto; d) «il titolare e il suo personale rispettano i diritti umani e si impegnano a osservare le usanze politiche, culturali e religiose del Paese beneficiario»; e) la retribuzione del titolare del contratto costituisce il suo unico compenso nel quadro dell'appalto (connesso a ciò è il dovere di astenersi da qualsiasi relazione che possa compromettere la sua indipendenza o quella del suo personale), pena rescissione del contratto senza alcuna indennità per il contraente[180]; f) infine, se il mancato rispetto di

---

[180] «La Commissione si riserva il diritto di sospendere o di annullare il finanziamento dei progetti qualora vengano scoperti casi di corruzione di qualsiasi natura in ogni fase della procedura di aggiudicazione dell'appalto o di stipulazione del contratto» (pagamenti illeciti, doni, gratifiche o commissioni a titolo di incentivo o ricompensa per compiere o meno atti relativi all'aggiudicazione o all'esecuzione dell'appalto). Inoltre, «(...) verrà respinta ogni offerta o annullato qualsiasi contratto, qualora risulti che l'aggiudicazione o l'esecuzione dell'appalto abbia comportato il

una o più clausole deontologiche è di una certa gravità, si può escludere definitivamente la parte in causa da ogni partecipazione ad appalti futuri finanziati da fondi comunitari[181].

Mezzi di ricorso (R) e *(A, art. 30)*

All'interno di un appalto sono possibili delle controversie sia nella fase di selezione (o aggiudicazione) che in quella di esecuzione dell'appalto. In primo luogo, il candidato o offerente che si ritenga leso a causa di una irregolarità commessa nelle fasi di selezione o di aggiudicazione dell'appalto deve sottoporre la questione direttamente all'amministrazione aggiudicatrice e, allo stesso tempo, informare la Commissione Europea. L'autorità aggiudicatrice ha, a partire dalla data di ricezione della denuncia, novanta giorni di tempo per rispondere; la Commissione Europea, a sua volta, comunica il proprio parere all'amministrazione del Paese ACP, cercando, per quanto possibile, di trovare un accordo amichevole tra le due parti. In caso di insuccesso, l'offerente o il candidato possono avvalersi delle regole in materia stabilite dalla legislazione nazionale del Paese ACP beneficiario[182]. Infine, nei casi in cui l'autorità aggiudicatrice non rispetti le misure di aggiudicazione degli appalti, la Commissione Europea può esercitare il «diritto di sospendere, respingere o recuperare i finanziamenti relativi agli appalti incriminati»[183]. In secondo luogo (in base all'*art. 30*

---

versamento di spese commerciali straordinarie. Le spese commerciali straordinarie riguardano qualsiasi commissione non (...) facente riferimento a tale appalto, qualsiasi commissione versata a titolo di nessun servizio legittimo effettivo, (...) in un paradiso fiscale, (...) a un beneficiario non chiaramente identificato o a una società con tutte le apparenze di una società di facciata».

[181] Nei bandi di gara può essere inserita, a volte, una lista delle società o imprese «indesiderate» in modo che, nella eventuale formazione di un consorzio, le società partecipanti sappiano a chi non riferirsi.

[182] Tra i diritti dei cittadini europei (esclusivamente per essi), «figura quello di presentare denunce al Mediatore Europeo»; tale organo ha il ruolo di effettuare «indagini in seguito alle denunce riguardanti casi di cattiva amministrazione» nell'azione di qualsiasi istituzione dell'Unione Europea.

dell'*Allegato IV all'Accordo di Cotonou*), la composizione delle controversie tra amministrazione aggiudicatrice ed esecutore, durante la realizzazione di un contratto di appalto, avviene o conformemente alla legislazione nazionale del Paese ACP beneficiario (se le parti in causa lo accettano), o sulla base della prassi riconosciuta sul piano internazionale, o, infine, mediante arbitrato.

Regime fiscale e doganale (*A, art. 31*)

Come regola generale, gli Stati ACP applicano, ai contratti di appalto finanziati dalla Comunità, un regime fiscale e doganale «non meno favorevole di quello applicato nei confronti dello Stato più favorito o delle organizzazioni internazionali per lo sviluppo con le quali intrattengono relazioni». Inoltre, vengono applicate le seguenti regole supplementari: a) nel Paese ACP beneficiario i contratti di appalto «non sono soggetti né alle tasse di bollo e di registro, né a prelievi fiscali di effetto equivalente esistenti o da istituire (...)»; b) utili e/o redditi «risultanti dall'esecuzione degli appalti sono soggetti a imposta secondo il regime fiscale interno purché le persone fisiche o giuridiche che li hanno realizzati abbiano in tale Stato una sede permanente o purché la durata di esecuzione del contratto sia superiore a sei mesi»; c) le attrezzature professionali necessarie nell'ambito di un contratto di servizi sono ammesse in via temporanea, «in esenzione dagli oneri fiscali, dai diritti di entrata, dai dazi doganali e dalle altre tasse di effetto equivalente (...)». Infine, per qualsiasi contesa fiscale e/o doganale non disciplinata dalla norma in questione prevale, secondo lo stesso *art. 31*, la legislazione nazionale del Paese ACP beneficiario.

---

[183] Si rimanda, a tal proposito, a quanto detto nel Cap. II, par. 6, pagg. 69-70, nella parte relativa alla «programmazione» di programmi o progetti, sui controlli periodici della Commissione Europea circa il corretto utilizzo delle risorse concesse ai Paesi ACP.

3. Le norme specifiche applicabili alle gare d'appalto di servizi.

L'assistenza tecnica nell'ambito della politica di cooperazione comunitaria si implementa, come ripetutamente affermato, soprattutto nel ricorso alla prestazione di servizi da parte di società di consulenza, uffici studi, centri di ricerca, etc.

La «*Regolamentazione generale relativa agli appalti di servizi, di forniture e di lavori finanziati dal Fondo Europeo di Sviluppo (FES)*» regola, tra l'altro, gli aspetti organizzativi e procedurali di una gara d'appalto di servizi ed evidenzia, innanzitutto, le differenze che intercorrono fra due tipi di appalti di cooperazione tecnica[184]:

- l'«*appalto di studi*» (legato alla cooperazione tecnica «a vocazione generale»), che consiste in un contratto di servizi che riguarda studi economici, settoriali e di mercato, gli studi tecnici, le valutazioni e le verifiche contabili; generalmente, tali contratti implicano un «obbligo di risultato», ossia il contraente è tenuto a fornire un determinato servizio prescritto indipendentemente dai mezzi che utilizza.

- L'«*appalto di assistenza tecnica*» (legato alla cooperazione tecnica «specifica»), che, invece, consiste nella fornitura di consulenze volte ad assicurare studi in materia di definizione, identificazione e preparazione dei progetti, studi di fattibilità, la supervisione di un progetto o di un lavoro di costruzione (in questo caso tramite, come afferma spesso Ziccardi[185], la figura del direttore dei lavori, chiamato nella prassi internazionale «*Engineer*») oppure a mettere a disposizione gli esperti richiesti per l'assistenza tecnica ad istituzioni od enti dei Paesi beneficiari. Tale appalto

---

[184] V. Cap. II, par. 7. In tale paragrafo, relativo alla «cooperazione tecnica» comunitaria, si indicano le differenze fra due tipi di cooperazione («generale» e «specifica»), che, come vedremo adesso, comportano conseguentemente due tipologie di appalto.
[185] *Op. cit.*, pagg. 55-60.

implica un «obbligo relativo ai mezzi», ossia il contraente è «responsabile dell'adempimento dei compiti affidatigli nella descrizione delle prestazioni ed è tenuto ad assicurare la qualità delle prestazioni richieste».

Prima di procedere all'esame delle diverse procedure di aggiudicazione degli appalti di servizi (valide per entrambe i tipi di appalto ora riportati), è opportuno indicare come il ricorso ad esse dipenda, in via generale (v. tab. 2), da un determinato costo di esecuzione.

Particolare attenzione, è utile anticiparlo, sarà concentrata verso la «procedura ristretta» che, come già affermato, è quella più utilizzata per l'aggiudicazione degli appalti internazionali di servizi.

tab. 2: MODALITÀ DI AGGIUDICAZIONE DEGLI APPALTI DI SERVIZI

COSTO DI ESECUZIONE	PROCEDURA
$x \geq 200.000$ EURO	<ul><li>«Ristretta», generalmente.</li><li>«Negoziata», in casi specifici.</li></ul>
$x < 200.000$ EURO	<ul><li>«Contratto quadro».</li><li>«Procedura semplificata».</li></ul>
$x \leq 5.000$ EURO	<ul><li>«Negoziata».</li></ul>

Fonte: «allegato 1» in «*Regolamentazione generale relativa agli appalti di servizi, di forniture e di lavori finanziati dal Fondo Europeo di Sviluppo(FES)*» (nostra rielaborazione).

Appalti inferiori a 200.000 EURO

Gli appalti di servizi di valore inferiore a 200.000 EURO possono essere oggetto delle seguenti procedure: il «contratto quadro» o la «procedura semplificata».

Contratto quadro: per gli appalti della durata di realizzazione inferiore a un anno, l'amministrazione aggiudicatrice può ricorrere al sistema del contratto quadro (per i caratteri generali della procedura v. *infra*, par. 2, pagg. 85-86).

In occasione di una missione (o «appalto specifico»), l'ufficio EuropeAid, che agisce in nome e per conto del Paese ACP beneficiario, invia il profilo dell'esperto o degli esperti richiesti a tre società selezionate dall'elenco (in base al settore di competenza richiesto). Entro il termine di otto giorni[186], le tre società consultate devono proporre gli esperti corrispondenti al profilo richiesto e ad un prezzo compreso nel contratto quadro concluso. L'ufficio EuropeAid, che è tenuto ad interpellare alternativamente le società presenti nell'elenco di ciascun lotto al fine di garantire pari opportunità di concorrenza, sceglie l'offerta economicamente più vantaggiosa e notifica la decisione al contraente selezionato.

Procedura semplificata: l'autorità aggiudicatrice può assegnare l'appalto tramite questa procedura se il ricorso al contratto quadro non ha successo o non è possibile (per gli aspetti generali v. *infra*, par. 2). L'amministrazione aggiudicatrice, sulla base delle informazioni disponibili nella banca dati dei consulenti (il già ricordato *FIBU*, v. *infra*, par. 2, nota n° 92), compila un elenco con almeno tre prestatori di servizi. I candidati prescelti ricevono una lettera di invito a presentare offerte accompagnata da un fascicolo di gara. È accordato, per la presentazione delle offerte, un termine minimo di trenta giorni a decorrere dalla data di invio della lettera di invito. Le offerte devono essere inviate in doppia busta: una contenente l'offerta tecnica, l'altra quella finanziaria.

La commissione di valutazione[187], dopo aver valutato il rispetto delle regole per la presentazione delle offerte, stabilisce l'offerta economicamente più

---

186 I termini iniziano a decorrere dal giorno seguente alla data dell'atto considerato come punto di partenza per il calcolo di tali termini. Se l'ultimo giorno utile è un giorno festivo, la scadenza dei termini avviene alla fine del primo giorno feriale successivo all'ultimo giorno utile.

vantaggiosa in funzione della qualità tecnica e del prezzo delle offerte. Se non si ricevono almeno tre offerte valide la procedura viene annullata (ed eventualmente riavviata).

Infine, per i servizi di consulenza di valore pari o inferiore a 5.000 EURO, l'autorità aggiudicatrice può procedere direttamente ad una trattativa privata con una sola offerta (v. «procedura negoziata», *infra*, par. 2, pagg. 84-85).

Appalti pari o superiori a 200.000 EURO

Gli appalti di servizi di tali importi vengono aggiudicati o mediante la «procedura negoziata» o mediante quella «ristretta».

Procedura negoziata: la trattativa privata è ammessa, lo ricordiamo, nei seguenti casi: quando una forte urgenza, a seguito di eventi imprevedibili per l'autorità aggiudicatrice, «non è compatibile con le scadenze imposte dalle normali procedure»; quando le prestazioni sono affidate a organismi di vario tipo senza scopo di lucro; quando la finalità del contratto non riflette un aspetto economico o commerciale; infine, per quanto riguarda esclusivamente gli appalti di servizi, in caso di prolungamento di servizi già avviati. Per quest'ultima possibilità, che merita particolare attenzione, possono presentarsi due casi specifici:

a) o prestazioni, non comprese nell'appalto principale, divenute necessarie, in seguito a circostanze impreviste, per l'esecuzione dello stesso (in tal caso il ricorso alla trattativa privata è ammissibile a condizione che la prestazione complementare non sia separata, sotto il profilo tecnico e finanziario, dall'appalto principale e che l'importo della prestazione complementare non superi il 50% del valore dello stesso);

b) o «prestazioni aggiuntive consistenti in ulteriori servizi analoghi affidati al prestatore titolare di un primo appalto». Il ricorso a tale norma è

---

[187] V. *infra*, par. 2, pagg. 86-87, nella sezione relativa ai «criteri di selezione ed aggiudicazione dell'appalto», per la caratteristiche principali di quest'organo.

subordinato a due condizioni, ossia che «la prima prestazione sia stata oggetto di un bando di gara» e che la possibilità di ricorrere alla procedura negoziata (per nuove consulenze attinenti al progetto) sia stata chiaramente indicata nel bando di gara medesimo.

Procedura ristretta: la regola alla base dell'aggiudicazione della maggior parte degli appalti di servizi pari o superiori a 200.000 EURO è la gara d'appalto internazionale «ristretta». Per una migliore chiarezza espositiva divideremo l'analisi in una serie di sezioni:

Pubblicità degli appalti

Al fine di garantire la partecipazione più ampia possibile alle gare e un elevato livello di trasparenza e di concorrenza, l'ordinatore principale e quello nazionale garantiscono la pubblicazione degli avvisi di pre-informazione e dei bandi di gara.

Gli avvisi generali di pre-informazione, che consistono in avvisi di previsione degli appalti e devono indicare brevemente oggetto, contenuto e importo degli stessi, sono pubblicati una volta all'anno (entro la fine del mese di marzo) dall'ufficio di cooperazione EuropeAid; essi si riferiscono agli appalti previsti nei dodici mesi successivi alla pubblicazione e, ogni tre mesi, ne vengono pubblicate eventuali modifiche. Tutti gli appalti di servizi di valore pari o superiore a 200.000 EURO devono essere oggetto, inoltre, di un avviso di pre-informazione specifico.

Segue, dopo un termine minimo di trenta giorni, la pubblicazione del bando di gara vero e proprio, pubblicato sui mezzi d'informazione adeguati (v. le disposizioni sulla pubblicità degli appalti all'interno delle «norme sull'ammissibilità», *infra*, par. 2). Nel testo integrale del bando di gara devono essere descritti in modo chiaro e completo sia l'amministrazione aggiudicatrice che l'oggetto dell'appalto (con indicazione della dotazione massima disponibile); ciò per consentire alle società interessate di ricevere le informazioni appropriate e, di conseguenza, valutare la propria capacità ad eseguire l'appalto. L'indicazione di un termine preciso di presentazione delle candidature (minimo trenta giorni di calendario a decorrere dalla data di pubblicazione del bando) è strettamente legato, infine, alle dimensioni e alla complessità dell'appalto in questione.

Compilazione dell'elenco ristretto

Le società interessate, individualmente o nell'ambito di un consorzio (in *joint-venture* o in subappalto), devono presentare la loro candidatura (detta «espressione di interesse»), tramite l'invio di un formulario compilato in base alle informazioni richieste nel bando.

La «procedura di selezione», svolta da una commissione giudicatrice, comporta le seguenti operazioni: esclusione dei candidati non ammissibili (v. le norme sull'«ammissibilità», *infra*, par. 2, pagg. 80-81) e dei candidati che si trovano in una situazioni di esclusione (v. le «clausole deontologiche», *infra*, par. 2, pagg. 89-90); verifica della condizione finanziaria dei candidati attraverso la richiesta del bilancio e del fatturato degli ultimi tre anni; infine, verifica della capacità tecnica e professionale dei candidati dimostrata dal numero medio annuo di dipendenti, dall'esperienza professionale e dai dati relativi ai principali servizi prestati, negli ultimi anni, nel settore dell'appalto in questione.

Esaminate le candidature ricevute in risposta al bando di gara, le società che danno maggiori garanzie per l'esecuzione dell'appalto vengono iscritte nell'elenco ristretto. Il numero di candidati dell'elenco ristretto varia da quattro a otto (a seconda di quanto preveda ciascun bando di gara)[188]. I candidati prescelti ricevono l'eventuale notifica ed il relativo fascicolo di

---

[188] Dopo l'approvazione dell'elenco ristretto da parte dell'ordinatore nazionale e del capo delegazione della Commissione Europea, le società (o i consorzi) presenti in tale elenco non possono più associarsi tra di loro né stabilire relazioni subcontrattuali relative al contratto in questione.

gara; allo stesso tempo, l'elenco definitivo viene pubblicato sul sito Internet dell'ufficio di cooperazione EuropeAid.

Redazione e contenuto del «fascicolo di gara»

L'ordinatore principale e quello nazionale elaborano il «fascicolo di gara» e lo trasmettono all'autorità aggiudicatrice, la quale ha il compito di inoltrarlo, allegato ad una «lettera d'invito a offrire», ai candidati dell'elenco ristretto.

Il fascicolo di gara deve essere sufficientemente chiaro per evitare che i candidati invitati a presentare un'offerta chiedano informazioni complementari. Se l'autorità aggiudicatrice fornisce informazioni complementari sull'appalto (di sua iniziativa o in risposta alla richiesta di un candidato), essa è obbligata a comunicarle anche a tutti gli altri candidati. I candidati possono inoltrare le proprie richieste fino a ventuno giorni dal termine ultimo previsto per la presentazione delle offerte e l'amministrazione aggiudicatrice è tenuta a rispondere al più tardi entro undici giorni dal termine ultimo stabilito per la ricezione delle offerte.

I documenti di gara di cui si compone il «fascicolo» contengono tutte le disposizioni di cui le società invitate hanno bisogno per presentare la loro offerta: procedure da seguire, documenti da fornire, casi di non conformità, criteri di attribuzione, condizioni di subappalto, esigenze e obiettivi, metodi e mezzi da utilizzare, risultati da attendersi, etc. Un tipico dossier di gara comprende, ad esempio:

a) il «capitolato generale» degli appalti di servizi finanziati dal FES, ossia le disposizioni generali, relative all'esecuzione degli appalti, che contengono le clausole di carattere amministrativo, finanziario, giuridico e tecnico;

b) i «termini di riferimento», che descrivono specificamente l'oggetto dell'appalto, il servizio da fornire, gli esperti, i metodi e mezzi da utilizzare, i risultati da attendersi, la proporzione di subappalto eventualmente autorizzata, la dotazione massima disponibile per l'appalto, la valuta dell'offerta, etc.;

c) dei formulari per l'indicazione dei costi per la messa in opera del progetto;

d) una «griglia di valutazione» per l'offerta tecnica.

Contenuto delle offerte «tecniche» e «finanziarie»

Sulla base del dossier, (in special modo dei «termini di riferimento»), vengono redatte:

a) l'«offerta tecnica», formata generalmente da: lettera di presentazione della società, sunto degli obiettivi contenuti nei termini di riferimento, organizzazione e metodologia per il servizio richiesto e indicazione degli esperti per il progetto in questione;

b) l'«offerta finanziaria», formata da una distinta dei prezzi (ossia la somma dei costi, nel caso logistica e stipendi del personale impiegato) e da una proposta di contratto[189].

Termine di presentazione e periodo di validità delle offerte

Le offerte devono pervenire all'amministrazione appaltatrice all'indirizzo ed entro la data e l'ora indicati nell'invito a presentare l'offerta. Per il ricevimento delle offerte è accordato, generalmente, un termine minimo di cinquanta giorni a decorrere dalla data di spedizione della lettera di invito.

Gli offerenti restano vincolati alle proprie offerte per tutto il periodo prescritto nell'invito a offrire. Tale periodo deve essere sufficientemente

---

[189] ZICCARDI, *op. cit.*, pag. 56, afferma che la proposta di contratto è spesso accompagnata da un «*bid bond*» (ossia una «cauzione di serietà dell'offerta» sottoforma di garanzia bancaria), che garantisce l'ente appaltante dal rischio «che l'offerente poi «vincitore» (...) non sia in grado di dare esecuzione, nemmeno iniziale, al contratto, oppure che l'offerta (...) sia presentata solo per ostacolare altri concorrenti».

lungo (generalmente novanta giorni di calendario a decorrere dal termine ultimo stabilito per la presentazione delle offerte) per consentire l'esame da parte dell'autorità aggiudicatrice, approvare la proposta di aggiudicazione, notificare l'aggiudicazione e concludere il contratto d'appalto.

In casi eccezionali (e prima della scadenza del periodo di validità delle offerte), l'ente appaltante può chiedere agli offerenti un prolungamento di tale periodo che non oltrepassi i quaranta giorni. Il candidato la cui offerta venga accettata, infine, deve mantenere valida la propria proposta per sessanta giorni supplementari a decorrere dalla data di notifica dell'aggiudicazione dell'appalto.

Presentazione delle offerte e loro apertura

Le offerte devono essere consegnate (a mano o tramite un corriere aereo) secondo il sistema del «doppio plico», ovvero in una cartella esterna contenente due buste distinte e sigillate recanti le seguenti diciture: busta A «offerta tecnica»; busta B «offerta finanziaria»[190]. La cartella esterna segnala soltanto l'indirizzo indicato per l'invio delle offerte (generalmente la sede dell'ente appaltante), gli estremi del bando di gara e la dicitura «*da non aprire prima della seduta di apertura delle offerte*» (redatta nella lingua stabilita nel fascicolo di gara). Ogni infrazione (ad esempio buste non sigillate o indicazione di un elemento relativo al prezzo nell'offerta tecnica) costituisce un fattore di non conformità e dà luogo al rigetto dell'offerta.

L'apertura e la valutazione delle offerte è effettuata da un'apposita commissione giudicatrice, i cui membri sottoscrivono una dichiarazione di imparzialità. Le offerte tecniche vengono aperte per prime, mentre le buste che contengono le offerte finanziarie rimangono sigillate e custodite

---

[190] Questo sistema permette di valutare successivamente e separatamente l'offerta tecnica e l'offerta finanziaria, e garantisce quindi che la qualità tecnica delle offerte sia giudicata indipendentemente dai costi indicati.

dall'amministrazione aggiudicatrice (saranno aperte solo in un secondo momento).

La seduta di apertura delle offerte, alla quale presiedono sia ordinatore nazionale che capo delegazione, è oggetto di un verbale, firmato da tutti i membri della commissione, che contiene le informazioni seguenti: data, ora e luogo della seduta; persone presenti alla seduta; il nome degli offerenti che hanno risposto al bando entro il termine fissato; l'esito del controllo dell'avvenuto invio del numero richiesto di copie dell'offerta tecnica; il nome degli offerenti la cui offerta è stata respinta durante la seduta di apertura; infine, il nome degli offerenti che si siano eventualmente ritirati.

Esame delle offerte

Valutazione delle offerte tecniche:

la valutazione delle offerte tecniche si basa sull'analisi della «metodologia» (che comprende la descrizione delle prestazioni) e dei «curriculum vitae» (CV) del personale proposto (qualifiche, esperienza professionale, esperienza geografica, abilità linguistiche, etc.). Ciò avviene in base ad una «*griglia di valutazione tecnica*», che precisa i «criteri tecnici» per la stima della metodologia e dei CV degli esperti.

Ciascun membro della commissione riceve una copia delle offerte tecniche e alle sue due componenti, conformemente alla griglia di valutazione, attribuisce un numero di punti che, complessivamente, è al massimo pari a cento. Una volta terminato il lavoro di valutazione tecnica, i punteggi attribuiti da ciascuno dei commissari (e le ragioni di tali scelte) vengono confrontati tra loro. Ciascun commissario, a questo punto, attribuisce un punteggio definitivo ad ogni offerta tecnica; il punteggio definitivo corrisponde alla media aritmetica dei singoli punteggi[191].

---

[191] Se nel fascicolo di gara è previsto, la commissione può procedere ad un colloquio con il personale essenziale del gruppo di esperti proposti nell'ambito delle offerte

Dopo che la commissione ha stabilito il punteggio definitivo da attribuire a ciascuna offerta tecnica, quelle con punteggio inferiore a ottanta punti vengono automaticamente eliminate. Tra le offerte che superano gli ottanta punti, la migliore ne riceve d'ufficio cento, mentre alle altre viene assegnato un punteggio calcolato in base alla seguente equazione:
(punteggio dell'offerta in questione / punteggio iniziale della migliore offerta tecnica) × 100 [192].

Valutazione delle offerte finanziarie:
queste vengono aperte dopo la conclusione della valutazione tecnica. La commissione verifica che le offerte finanziarie non contengano errori di aritmetica (eventualmente si correggono, senza penalità per l'offerente). Nel confronto delle offerte si tiene conto di tutte le spese relative all'appalto (compensi, spese dirette, spese forfettarie, etc.) in base alla distinta dei prezzi inserita nel fascicolo di gara e compilata a cura dell'offerente. Le offerte che superano la dotazione massima assegnata all'appalto sono eliminate. L'offerta meno cara riceve cento punti, mentre il punteggio attribuito alle altre offerte viene calcolato sulla base della seguente equazione:
(prezzo offerta più economica/ prezzo offerta in questione) × 100 [193].

---

tecniche (dopo aver raggiunto le proprie conclusioni provvisorie e prima di concludere la valutazione delle offerte tecniche). Al termine di tali colloqui, la commissione di valutazione giudica l'opportunità di adeguare i punteggi corrispondenti alla valutazione degli esperti intervistati.

[192] Ad esempio, se un offerta ha totalizzato 85 punti e la migliore 92, il punteggio finale dell'offerta in questione si calcola in questo modo (fermo restando che a quella migliore viene attribuito automaticamente 100):
(85/92) × 100 = 92.4

[193] Ad esempio, il punteggio dell'offerta finanziaria in questione si calcola in questo modo (fermo restando che a quella meno cara viene attribuito automaticamente 100):
365.000 EURO (prezzo dell'offerta meno cara) / 405.000 EURO (prezzo dell'offerta in questione) × 100 = 90.1

Aggiudicazione dell'appalto

Scelta dell'aggiudicatario:

la scelta dell'offerta economicamente più vantaggiosa si basa su una ponderazione tra la qualità tecnica (che prende l'80% della valutazione) e il prezzo delle offerte (il restante 20%). Ciò significa che, per un calcolo preciso, i punti assegnati alle offerte tecniche vengono moltiplicati per un coefficiente pari a 0,80 mentre quelli assegnati alle offerte finanziarie per un coefficiente pari a 0,20. La società aggiudicatrice dell'appalto è quella alla cui offerta viene attribuito, in base a tale metodo, il punteggio più alto. Qualora due offerte siano riconosciute equivalenti, vengono attuate le clausole della «preferenza» (si rimanda a tal proposito al par. 2, all'interno della sezione relativa ai «criteri di selezione ed aggiudicazione dell'appalto»). L'intera procedura della valutazione tecnica e finanziaria è oggetto di un verbale di gara firmato da tutti i membri della commissione e approvato dall'amministrazione aggiudicatrice che, a sua volta, trasmette al capo delegazione e all'ordinatore nazionale, per l'approvazione, una proposta di aggiudicazione dell'appalto. Il capo delegazione approva la proposta di aggiudicazione dell'appalto che gli è stata sottoposta al massimo entro trenta giorni. Tutta la procedura di valutazione, fino alla notifica dell'aggiudicazione dell'appalto, deve svolgersi durante il periodo di validità delle offerte ed è rigorosamente riservata. Le decisioni della commissione sono collegiali e tenute segrete (in particolare, le relazioni di valutazione sono esclusivamente ad uso interno e non possono essere comunicate né agli offerenti, né ad altre parti ad eccezione dei servizi abilitati del Paese ACP beneficiario, della Commissione Europea e delle autorità di controllo come, ad esempio, la Corte dei Conti delle Comunità Europee).

Notifica dell'aggiudicazione dell'appalto:

dopo l'accordo formale del capo delegazione e prima della scadenza del periodo di validità delle offerte, l'amministrazione aggiudicatrice comunica al «vincitore» che la sua offerta è risultata la migliore e, agli altri candidati, che le loro offerte non sono state prescelte. Tale comunicazione, che avviene a mezzo lettera, indica il punteggio dettagliato ottenuto e quello degli altri candidati. L'ufficio EuropeAid, a questo punto, provvede a pubblicare il risultato della gara (il cosiddetto «avviso di post-informazione») per mezzo della Gazzetta Ufficiale delle Comunità Europee, di Internet e/o di ogni altro strumento d'informazione adeguato. Gli avvisi di post-informazione devono indicare: il numero delle offerte ricevute, la data di aggiudicazione dell'appalto, il nome e l'indirizzo dell'aggiudicatario, il prezzo dell'appalto.

Firma del contratto di appalto:

il contratto (la cui proposta era inserita nell'offerta finanziaria), dopo esser stato firmato dall'ente appaltante e dall'ordinatore nazionale, viene inviato all'aggiudicatario che lo deve restituire, dopo averlo controfirmato, entro trenta giorni dalla data di ricezione. La firma del contratto costituisce il momento a partire dal quale le parti sono vincolate per la sua esecuzione.

Messa a disposizione e sostituzione degli esperti

Per concludere, la *Regolamentazione* prevede che, nei contratti di studio o di assistenza tecnica, il titolare dell'appalto è tenuto a fornire il personale specificato nell'offerta. Qualora la società e/o gli esperti proposti abbiano volontariamente omesso di indicare nella loro offerta il fatto che il personale proposto sia, in parte o in tutto, non disponibile a causa di impegni in corso, l'amministrazione aggiudicatrice, l'ordinatore nazionale e il capo delegazione possono decidere di annullare l'aggiudicazione e indire nuovamente la gara oppure aggiudicare l'appalto all'offerta classificata, dalla commissione di valutazione, in seconda posizione. In caso di decesso, malattia, incidente o per ogni altra ragione indipendente dalla volontà del titolare del contratto (ad esempio, in caso di dimissioni), questo è tenuto a proporre la sostituzione del personale. Inoltre, durante l'esecuzione, l'amministrazione aggiudicatrice (e l'ordinatore nazionale) possono chiederne la sostituzione per incompetenza o non idoneità. Se il titolare non è in grado di fornire un esperto con qualificazione e/o esperienza equivalenti o avviene comunque la sostituzione (nel caso non risulti compromessa la buona esecuzione del servizio) oppure è prevista la possibilità di rescindere il contratto (se tale rischio sussiste). In ultimo, qualora si verifichi che il sostituto non subentri immediatamente, l'autorità aggiudicatrice e l'ordinatore nazionale possono chiedere al titolare di assegnare al progetto un esperto temporaneo o di prendere qualsiasi altro provvedimento per compensare la momentanea assenza dell'esperto mancante.

FONTI BIBLIOGRAFICHE

- MARCHISIO, *Sviluppo (cooperazione internazionale per lo)*, estratto dal XLIII volume della Enciclopedia del Diritto, GIUFFRÉ, 1990.
- GIULIANO, *Cooperazione allo sviluppo e diritto internazionale*, GIUFFRÉ, 1985.
- LUCCHINI, *Cooperazione e diritto allo sviluppo nella politica esterna dell'Unione Europea*, GIUFFRÉ, 1999.
- ZICCARDI, *L'appalto internazionale. Questioni normative e di pratica*, UTET, 2002.
- ISERNIA, *La cooperazione allo sviluppo*, IL MULINO, 1995.
- FEUER, CASSAN, *Droit international du développement*, II ed., DALLOZ, 1991.
- CONFORTI, *Le Nazioni Unite*, VI ed., CEDAM, 2000.
- CONFORTI, *Diritto Internazionale*, VI ed., EDITORIALE SCIENTIFICA, 2002.
- GUIZZI, *Manuale di Diritto e Politica dell'Unione Europea*, III ed., EDITORIALE SCIENTIFICA, 2003.
- PICONE, LIGUSTRO, *Diritto dell'Organizzazione Mondiale del Commercio*, CEDAM, 2002.
- BOGGIO, DEMATTEIS (a cura di), *Geografia dello sviluppo. Diversità e disuguaglianze nel rapporto Nord-Sud*, UTET, 2002.
- LAZZARI, *Finanziamenti ai Paesi in via di sviluppo. La gestione di un periodo di crisi*, EGEA, 1991.
- MAXWELL, ENGEL, *La Cooperazione allo sviluppo dell'Europa verso il 2010*, EUROPEAN ASSOCIATION OF DEVELOPMENT INSTITUTES, 2003.

- DAVID, *40 years of Europe - A.C.P relationship*, LE COURRIER ACP-CEE, 2000.
- DI SIENA, *Gare internazionali di appalto (servizi) a favore di paesi terzi finanziati dalla Unione Europea. Le fonti di informazione. Le procedure di gara. L'utilizzo di Internet*, Milano, 2004.
- *L' Accord de Cotonou*, Édition Spéciale, LE COURRIER ACP-CEE, 2000.
- *Guida pratica ai programmi dell'Unione Europea di supporto alle PMI e di cooperazione con i Paesi terzi*, ICE, 2002.
- *Manuale della cooperazione internazionale*, ICEPS, 1988.
- *La cooperazione internazionale, rassegna dei programmi e delle opportunità offerte dall'UE*, RECIS (Regioni Centro Italia Servizi) - Regione Lazio, 2003.
- *Atlante geografico e storico*, GARZANTI, 1994.
- Per i caratteri generali della politica di sviluppo europea: *dichiarazione del Consiglio e della Commissione del 20 novembre 2000 basata sulla comunicazione della Commissione al Consiglio ed al Parlamento europeo del 26 aprile 2000* (non pubblicata sulla Gazzetta Ufficiale delle Comunità Europee ma reperibile su http://europa.eu.int/pol/dev/index_it.htm).
- *Regolamento n° 1659/98 del Consiglio del 17 luglio 1998, relativo alla «cooperazione decentralizzata»* (in Gazzetta ufficiale delle Comunità Europee L 213 del 30 luglio 1998), modificato dal *Regolamento n° 955/2002 del Parlamento Europeo e del Consiglio del 13 maggio 2002* (in Gazzetta Ufficiale delle Comunità Europee L 148 del 6 giugno 2002).
- *Comunicazione del Consiglio del 9 marzo 1998 relativa agli orientamenti per rafforzare il coordinamento operativo tra la Comunità e gli Stati membri nel campo della cooperazione allo*

sviluppo (in Gazzetta Ufficiale delle Comunità Europee C 97 del 31 marzo 1998).
- *Comunicazione della Commissione del 6 maggio 1999 relativa alla complementarità delle politiche della Comunità e degli Stati membri nel settore della cooperazione allo sviluppo* (non pubblicata sulla Gazzetta Ufficiale delle Comunità Europee ma reperibile su http://europa.eu.int/pol/dev/index_it.htm).
- *Comunicazione della Commissione al Consiglio e al Parlamento europeo del 23 aprile 2001 per il collegamento fra aiuto, risanamento e sviluppo* (non pubblicata sulla Gazzetta Ufficiale delle Comunità Europee ma reperibile su http://europa.eu.int/pol/dev/index_it.htm).
- *Regolamento n° 2258/96 del Consiglio del 22 novembre 1996 relativo ad azioni di risanamento e di ricostruzione a favore dei Paesi in via di sviluppo* (in Gazzetta ufficiale delle Comunità Europee L 306 del 28 novembre 1996).
- *Comunicazione della Commissione al Consiglio del 16 luglio 2001 relativa alle informazioni finanziarie sui Fondi europei di sviluppo* (non pubblicata sulla Gazzetta Ufficiale delle Comunità Europee ma reperibile su http://europa.eu.int/pol/dev/index_it.htm).
- *Comunicazione del Commissione al Consiglio e al Parlamento europeo relativa alla strategia della Comunità europea per lo sviluppo del settore privato nei Paesi ACP* (in Gazzetta Ufficiale delle Comunità Europee C 667 del 20 novembre 1998).
- Conseil de l'Union Européenne, «*Accord interne entre les représentants des gouvernements des États membres relatif au financement et à la gestion des aides de la Communauté dans le cadre du protocole financier de l'accord de partenariat entre les États d'Afrique, des Caraïbes et du Pacifique et la Communauté européenne*

et ses États membres, signé à Cotonou (Bénin) le 23 juin 2000» (Bruxelles, le 14 septembre 2000).
- *Decisione n. 2/2002 del Consiglio dei Ministri ACP-CE del 7 ottobre 2002 relativa all'attuazione degli articoli 28, 29 e 30 dell'allegato IV dell'Accordo di Cotonou.* (in Gazzetta Ufficiale delle Comunità Europee L 320/3 del 23 novembre 2002).
- *Regolamentazione generale relativa agli appalti di servizi, di forniture e di lavori finanziati dal Fondo Europeo di Sviluppo* (in Gazzetta Ufficiale delle Comunità Europee L 320/3 del 23 novembre 2002).
- Commissione Europea, *Relazione generale sull'attività dell'Unione Europea*, 2002.
- Commissione Europea, *L'Unione Europea nel mondo*, 2001.
- Commissione Europea - Servizio Comune delle Relazioni esterne (SCR), *Manuale delle procedure sugli appalti di servizi, di forniture e di lavori nel quadro della cooperazione comunitaria con i Paesi* terzi, 1999.
- Commissione Europea - EuropeAid, *Orientamenti per migliorare la visibilità dell'UE in materia di azioni esterne*, 2002.
- Commissione Europea - EuropeAid, *Project Cycle Management, guidelines on aid delivery methods*, 2004.
- Commissione Europea - EuropeAid, *Manuel Gestion du Cycle de Projet*, 2001.
- Commissione Europea - DG Sviluppo, *Guide D'Évaluation (Politique, Principes, Méthodes, Rapports)*, 1995.
- European Investment Bank, *Financing in the ACP - African, Caribbean and Pacific Countries. Supporting private enterprise and investment in developing economies*, 2002.

- Corte dei Conti della Comunità Europea, *Relazione Speciale n° 21/2000 sulla gestione dei programmi di aiuti esterni della Commissione.*
- Parlamento Europeo, *Note sintetiche*, 2000.
- *Regolamento del Parlamento Europeo*, XV ed., 2003.
- OSCE-DAC, *Il ruolo della cooperazione allo sviluppo all'alba del XXI secolo*, 1996.
- *Iter Progetti*, documento fornito dalla società SARI di Bruxelles.
- *Convenzione di Lomé I*, 1975 (su http://www.acp-sec.com).
- *Convenzione di Lomé II*, 1980 (su http://www.acp-sec.com).
- *Convenzione di Lomé III*, 1984 (su http://www.acp-sec.com).
- *Convenzione di Lomé IV*, 1989 (su http://www.acp-sec.com).
- *Accordo di partenariato tra i membri del gruppo degli Stati dell'Africa, dei Caraibi e del Pacifico, da un lato, e la Comunità europea e i suoi Stati membri, dall'altro, firmato a Cotonou il 23 giugno 2000* (in Gazzetta Ufficiale delle Comunità Europee L 317 del 15 dicembre 2000).
- *Trattato dell'Unione Europea* (su http://europa.eu.int/eur-lex/it).
- *Progetto di Trattato che istituisce una Costituzione per l'Europa*, Lussemburgo 2003.
- *Accordo di Georgetown*, 1975 (su http://www.acp-sec.com)
- *http://europa.eu.int/scadplus* (legislazione europea).
- *http://europa.eu.int/comm/development* (sito della Direzione Generale Sviluppo della Commissione Europea).
- *http://europa.eu.int/comm/relex* (sito della Direzione Generale Relazioni Esterne della Commissione Europea).
- *http://europa.eu.int/comm/europeaid/index* (sito dell'ufficio di cooperazione comunitario EuropeAid, fonte di pubblicazione primaria

dei bandi di gara per gli appalti e più in generale di tutti i documenti inerenti alle licitazioni internazionali).
- *http://europa.eu.int/pol/dev/index_it.htm* (sito dedicato alle attività dell'Unione Europea in materia di sviluppo).
- *http://europa.eu.int/eur-lex/it* (legislazione europea).
- *http://europa.eu.int/eur-lex/it/oj* (Gazzetta Ufficiale delle Comunità Europee).
- *http://www.ted.publications.eu.int/static/home/it/homepage.ini* (fonte alternativa per la ricerca di bandi di gara per gli appalti di servizi).
- *http://www.europa.formez.it/programmi_comunitari.html* (altra fonte alternativa per la ricerca dei bandi di gara).
- *http://europa.eu.int/comm/development/body/cotonou/index_fr.htm* (sito dedicato all'accordo di Cotonou).
- *http://eib.eu.int* (sito della Banca Europea degli Investimenti).
- *http://www.acpsec.org* (sito del Segretariato del Gruppo dei Paesi ACP).
- *http://www.ecdpm.org* (sito del Centro Europeo di Gestione delle Politiche di Sviluppo).
- *http://www.ocde.org/dac/htm/stc.htm* (sito dell'Organizzazione per la Cooperazione Economica e lo Sviluppo - Comitato di Aiuto allo Sviluppo).
- *http://www.devbusiness.com* (sito del periodico delle Nazioni Unite che pubblica i bandi degli appalti internazionali).

www.ingramcontent.com/pod-product-compliance
Lightning Source LLC
Chambersburg PA
CBHW070425180526
45158CB00017B/769